基本のチュニックからデザイン20展開

月居良子の
アレンジウエア

Introduction

異なるデザインの服を作るためには、作品ごとに身頃をはじめ
袖やえりなどの型紙が必要だと思っている方も多いでしょう。
でも、少ない型紙でもバリエーションを楽しむことができるんです。
この本では、身頃の型紙は 1パターンしか使っていません。
その代わりに、えりぐりや切り替え、裾がデザインによって選べるよう
それぞれ 2～4種類のラインを 1パターンに入れました。
袖やえりのパターンとの組み合わせ次第で、さまざまなデザインが生み出せます。
基本のシンプルなチュニックからはじまり
丈やえりぐりをかえたり、袖やえりをつけたり、前あきにと
アレンジした 20点の作品はほんの一例です。
作品を参考に、みなさんがお好きな組み合わせでアレンジを楽しんでみてください。

月居良子

主婦と生活社

Contents

Arrange E

えりぐりをアレンジする

Arrange F

台えりをつける

Various arrangements

アレンジ作品

Basic pattern
基本のパターン

1

フレンチスリーブのチュニック

How to make P.28

肩を落としたフレンチスリーブのチュニックは、ゆったりとした着心地のいいデザイン。
ウエア作りが初めてでも作れるよう、詳しい縫い方をプロセスで解説しています。

生地提供　CHECK & STRIPE

Arrange A

素材と丈を変える

2

ウールのワンピース

How to make P.42

素材や丈をかえるだけでも、違った雰囲気が楽しめます。丈は型紙の裾線を延長する方法で、
ポイントプロセスにて解説。好みの丈にも調節できる方法です。

生地提供 CHECK & STRIPE

Arrange B

袖をつける

3

プレーン袖のワンピース

How to make P.44

作品2と同じワンピースに袖をつければ、よりきちんとした感じに。
ニュアンスを添えるフリルは簡単直線裁ちで、初心者さんにもおすすめのあしらい。

生地提供　ユザワヤ

4

プレーン袖のブラウス

How to make P.46

プレーンな袖をつけたブラウスは、裾の切り替えがおしゃれ。一見難しそうですが、ギャザーを寄せた長方形の布を裾と縫い合わせるだけ。手軽で効果的なアレンジ方法です。

生地提供　ユザワヤ

5

ギャザー袖のブラウス

How to make P.48

袖に合わせて、胸元にもギャザーを寄せたブラウス。ふわりとした風合いの綿麻生地だから、ギャザーがきれいに寄りやすく、やさしい印象に仕上がるのも嬉しい。

生地提供　CHECK & STRIPE

Arrange C

えりぐりをかえる

6

Vネックのチェック柄ワンピース

How to make P.50

Vネック×グレンチェックのメンズライクな組み合わせに、女性らしいギャザー袖がマッチ。
Vラインをきれいに仕立てるコツは、ポイントプロセスで解説しています。

生地提供　オカダヤ

7

Vネックのダンガリーワンピース

How to make P.52

シンプルでカジュアルな素材を使うなら、ディテールにこだわって。
すっきりとしたネックラインで大人の雰囲気を、動きのあるフレア袖で軽さをプラス。

生地提供　ユザワヤ

Arrange D

前を開ける

8

デニムコート

How to make P.54

基本のチュニックからコートも作れます。えりぐりはVネックのラインを使い、前身頃を左右別々に裁つだけ。前を開けると、アレンジの幅がぐっと広がります。

生地提供 CHECK & STRIPE

9

ウールのカーディガン

How to make P.51

作品8と同じ要領で、えりぐりや丈をかえればカーディガンにも。素材はほどよく伸縮性があって動きやすいニット地をセレクト。ポコポコした生地の表情もかわいい。

生地　CHECK & STRIPE

10

カシュクールブラウス

How to make P.60

シンプルな前開きをもう少しアレンジ。裾線とえりぐり線をまっすぐ延長してつなげば、カシュクールのデザインも楽しめます。裾は作品4と同じ要領のギャザー切り替え。

生地提供　CHECK & STRIPE

11

カシュクールコート

How to make P.57

ざっくりとした織りの、上質なリネンで仕立てたコートはおしゃれ度満点。
作品 10 と同じカシュクールタイプで、前を閉じればチュニックのようにも着こなせる一枚。

生地提供　CHECK & STRIPE

Arrange E

えりぐりをアレンジする

12

スラッシュあきのチュニック

How to make P.62

シンプルながらも、えりぐりにニュアンスを添えてくれるスラッシュあき。難しいテクニックはいりません。身頃中央をはぎ合わせるときに、あき分を縫い残して作るだけ。

生地提供 ユザワヤ

13

スラッシュあきのブラウス

How to make P.64

袖のはぎ目を表に出し、ギャザーをより強調したブラウス。シャープなスラッシュあきを合わせれば、ほどよい甘さに仕上がります。意外にもカジュアルパンツと好相性。

生地提供　オカダヤ

14

スタンドカラーのブラウス

How to make P.66

スラッシュあきの応用で、簡単えりがつけられます。後ろあきにして、えりぐりを二つ折りの布で挟めばスタンドカラーに。アクセントにもなるくるみボタンはぜひ共布で。

生地提供　ユザワヤ

15

ボウタイのブラウス

How to make P.68

前スラッシュあきで、えり先を長くのばした布を作品 14と同様に挟み縫い。クールなえり元と、ギャザーを寄せた袖と後ろのやわらかなラインが、絶妙なコンビネーション。

生地提供　CHECK & STRIPE

Arrange F

台えりをつける

16

ウールのロングシャツ

How to make P.70

前あきや簡単えりができたら、台えりつきのシャツだって作れます。暖かいウール素材のロング丈は肌寒い日にさっと羽織れて便利。一枚あると重宝します。

生地提供　オカダヤ

17

バイカラーのオーバーシャツ

How to make P.72

2色をヨークで切り替えたシャツは、台えりのみをつけたマオカラー。後ろにはタックを入れてアクセントに。前を開けてロングジレのように着こなしても。

生地提供　オカダヤ

18

丸えりのブラウス

How to make P.78

シャツといえば角えりを想像しがちですが、やさしい印象の丸えりも素敵。
幼くならないよう、柄はシャツ然としたストライプで。大人かわいく仕上がります。

生地提供　CHECK & STRIPE

19

ヨーク切り替えのシャツ

How to make P.32

2種類のストライプ使いが効果的なヨーク切り替えのシャツ。
カフスも簡単にできるように工夫をしています。
縫い方はプロセスにて詳しく解説。

生地提供　CHECK & STRIPE

Various arrangements
アレンジ作品

20

プリーツ入りワンピース

How to make P.74

いろいろなアレンジができるようになったら、プリーツ入りにもトライしてみては。
前後に 2本入れるとエレガントなシルエットが生まれます。えりはさりげない後ろリボン。

21

コーデュロイの
ロングシャツ

How to make P.76

着こなしが難しそうに思える超ロング丈のシャツですが、実はコートやワンピースとして活躍。
重たい印象にならないよう、生地は明るくきれいな色を選ぶのがポイント。

生地提供　CHECK & STRIPE

縫い始める前に

□必要な用具

型紙作りから裁断、縫製、仕上げまでに必要な用具をご紹介。

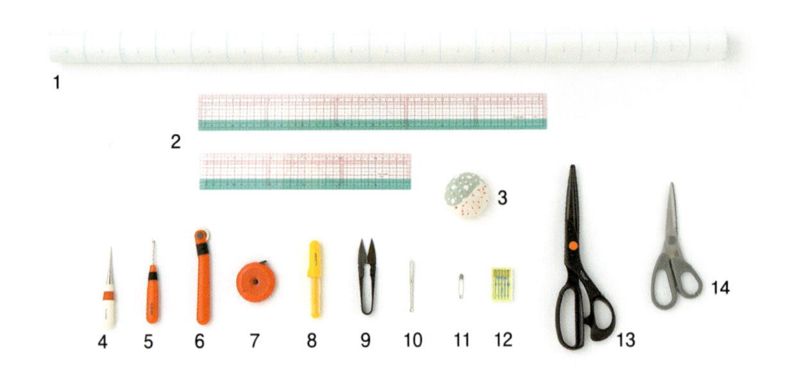

1 ハトロン紙
実物大型紙を写し取るのに必要。重ねて写せる透けるタイプがおすすめ。写す際のガイドになって便利な方眼入りもあり。

2 方眼定規
型紙を写したり、縫い代をつける際に方眼のラインを活用すれば、作業がラクに。45度の角度線で正バイアスも簡単に引くことができる。※写真は50cmと30cm。

3 まち針・ピンクッション
布を裁断する際や、縫い合わせる前にパーツ同士を固定するのに用いる。必要なときすぐ使えるよう、ピンクッションとセットで。

4 目打ち
縫い目をほどくだけでなく、えり先・裾の角出しやボタン穴・ポケット位置の印つけ、ミシンがけの布送りなどにも使う必需品。

5 リッパー
糸切りとしてはもちろん、ボタン穴をあけるのにも活躍。

6 ルレット
おもに印つけでチャコペーパーと合わせて使用。

7 メジャー
採寸をはじめ、布の用尺を測るのに使用するが、とくにカーブ部分を測るのに便利。

8 チャコ
布への印つけに必要。写真は初心者でも扱いやすく、線が一定に引けて使いやすいペン型の粉チャコタイプ。

9 糸切りバサミ
その名の通り、糸を切る専用のハサミ。切れ味がよいものを選んで。

10 ゴムテープ・ひも通し
ゴムテープやひもを通すのに使用。

11 安全ピン
ゴムテープ・ひも通しの代わりに。通すものをピンに刺して使う。しっかり固定でき、先が丸いのでどんなところも通しやすい。

12 ミシン針
薄地、普通地、厚地用で針の太さが異なるため、適したものを用意。

13 裁ちバサミ
全長23〜26cm程度のものが使いやすい。布以外のものを切ると切れ味が鈍ってしまうので注意。

14 紙切りバサミ
型紙をカットするのに使用。

□あると便利な用具

ベテランさんが使えばより作業がスムーズに、初心者さんが使えばラクでキレイに仕上がる便利な用具をご紹介。

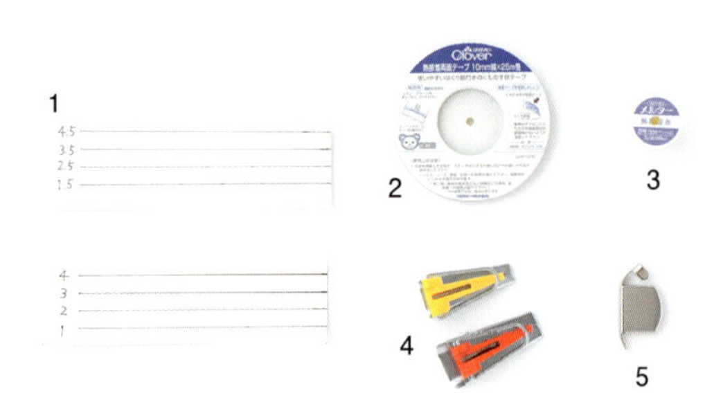

1 アイロン定規
縫い代を折り上げる際、布に挟んだままアイロンが当てられるため便利な上、仕上がりも正確に。写真のように厚紙にサインペンで0.5〜1cm間隔の線を引くことで簡単に作れる。

2 熱接着両面テープ
仮止めしたい位置の布と布の間にテープを挟み、アイロンで接着させる。とくに、縫う距離が長い場合はまち針よりもラクに仮止めができ、縫いズレも少ない。

3 メルター
スチームアイロンで溶け、ぴったりと密着してくれる糸状の接着剤で、しつけ代わりに使える。幅が狭く、カーブのあるバイアステープ始末などに使うと便利。

4 テープメーカー
指定の幅のバイアス布を通しながらアイロンで押さえれば、素早く一定の幅のバイアステープが作れる優れもの。

5 マグネット定規
ミシンの針板に磁石で固定し、縫い代幅を一定にして縫うためのガイドの役割を果たしてくれる。

□生地の準備（地直し）

やや粗織りのコットンやリネンなどは購入したままの状態だと縦糸と横糸がゆがんでいたり、洗うと縮んでしまうことも。そこで、事前に生地を整える作業（地直し）が必要です。

▶コットン・リネンなどの場合

❶布を水につけて浸透させ、水通しをする。脱水したら陰干しにし、生乾きの状態で布目のゆがみを正しながらアイロンをかける。
❷布端に目打ちを刺し、横糸をすくう。すくった横糸を布端から布端までそっと引き抜く。
❸横糸のラインに沿って、縦糸を切りそろえる。

▶ウールの場合

❶生地全体に霧吹きで水をたっぷり吹きかける。
❷❶をポリ袋などに入れて一晩おく。
❸全体がまだ湿っている状態でアイロンをかけて整える。

実物大型紙について

実物大型紙は直接切らずに、Step1〜3の手順で
作りたい作品の型紙をハトロン紙に写し取って使用します。

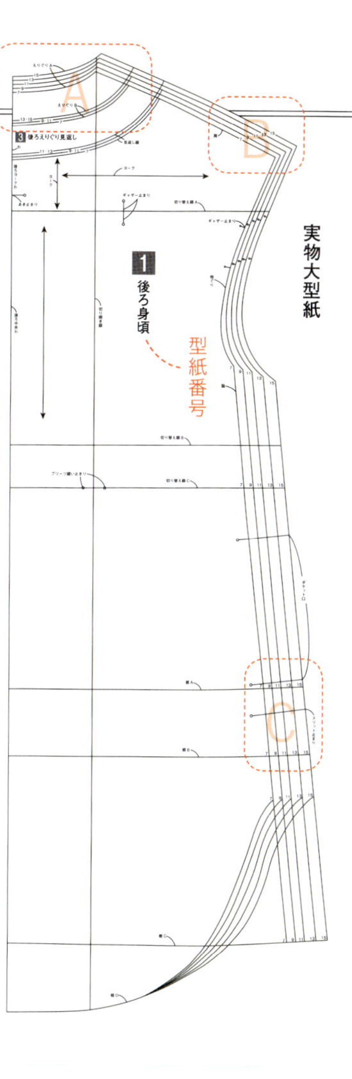

□実物大型紙の選び方

Step 1
作りたい作品の使用型紙番号をチェック

作りたい作品の作り方ページを開くと、裁ち合わせ図があります。そこには作品を作るために使用するすべての型紙が、型紙番号とともに記されています。

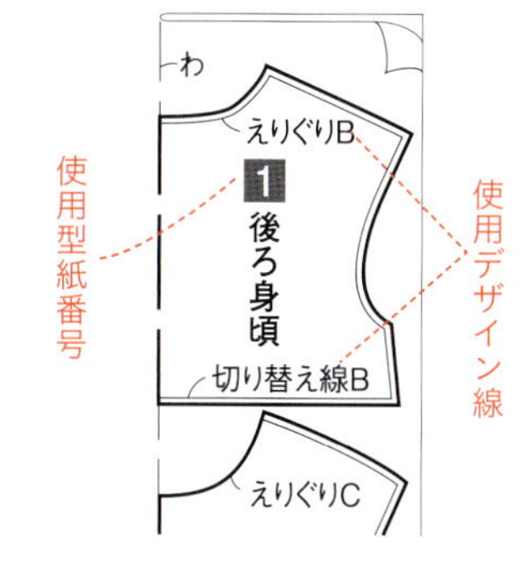

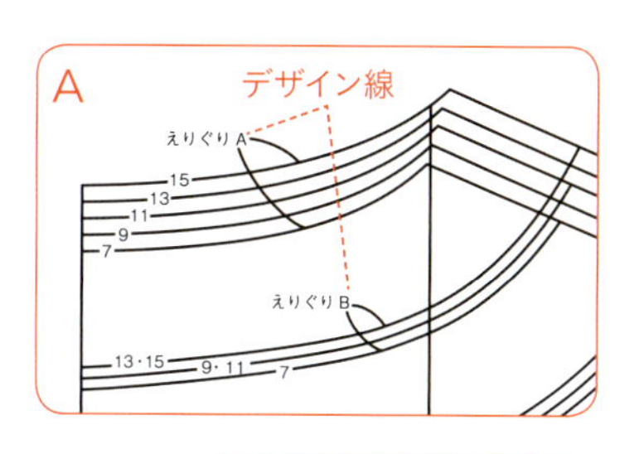

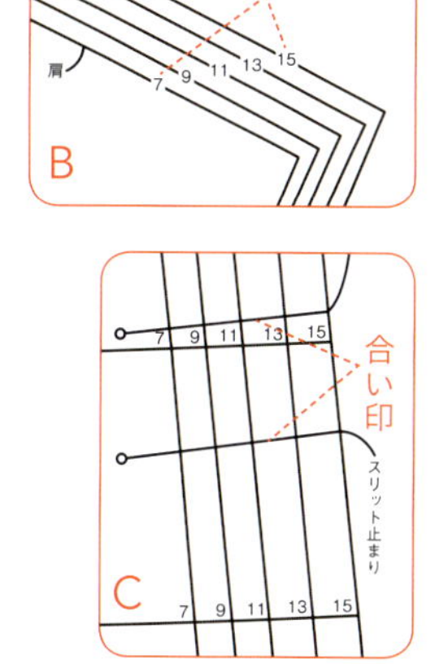

Step 2
デザイン線をチェック

裁ち合わせ図に記されている型紙には、身頃ならえりぐりA〜C、裾（もしくは切り替え線）A〜D、袖なら袖口A〜Cといったように、実物大型紙上にいくつかあるデザイン線のうち、どれを使用するかが書いてあります。

Step 3
自分のサイズをチェック

実物大型紙には7・9・11・13・15号の 5サイズの線があります。41ページに掲載されている参考寸法表のバストサイズを参考にサイズを選びます。

□実物大型紙の写し方 ＊透けるタイプのハトロン紙を使って写し取る方法が簡単。

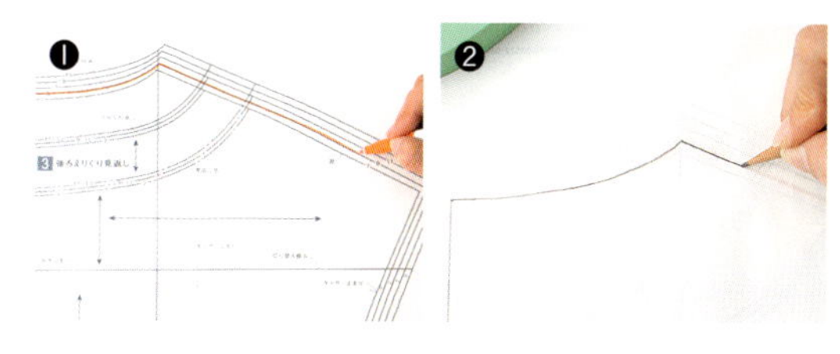

❶実物大型紙の選び方でチェックした型紙上のサイズ線と使用デザイン線に、見やすくなるよう、マーカーなどで印をつけます。
❷実物大型紙の上にハトロン紙をのせ、❶で引いたラインをたどって合い印とともに写し取ります。

□縫い代つき型紙の作り方 ＊裁ち合わせ図を参照し、縫い代をつけます。

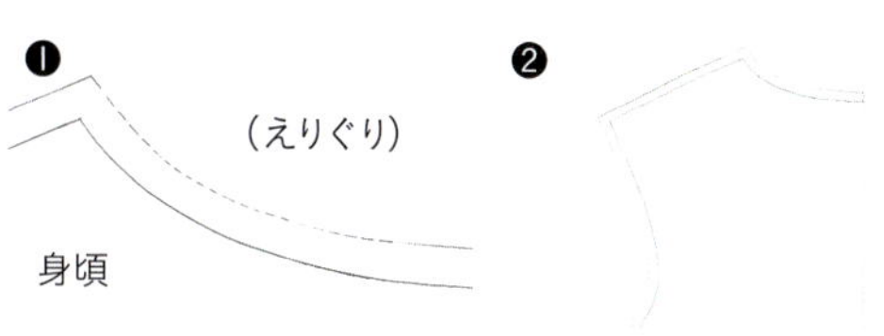

❶カーブのあるえりぐりは方眼定規をカーブに沿って当てながら、細かく点線状に印をしていきます。
❷点線をつなぎます。この方法ならカーブ定規がなくてもOK。

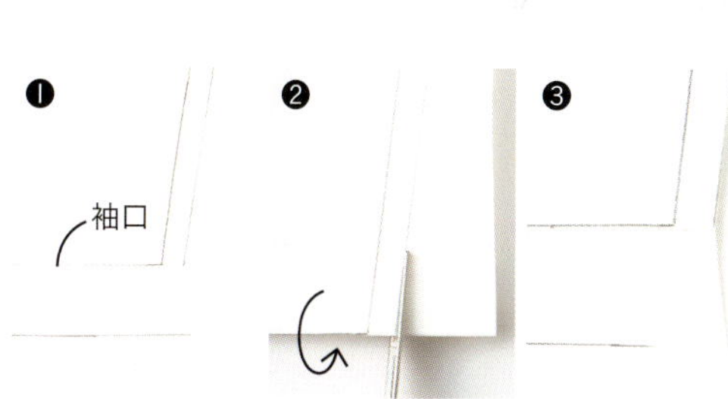

❶傾斜のある袖下は、縫い代が足りなくならないようにつけます。袖下、袖口に指定の縫い代幅で線を引きます。
❷袖口をでき上がり線で折り、袖下を❶で引いた線でカットします。
❸完成。身頃の裾も同じ要領で、裾を折って脇線をカットします。

□型紙に使われている線と記号

でき上がり線
作品の最終的な仕上がり線

わ線
わに裁つ線

見返し線
見返し始末の作品で使用。えりぐりのデザイン線と見返し線で印をとり、見返しの型紙を作る。

布目線

布目が一方向

布のみみを左右に置いたときの縦方向が布目。生地の布目と型紙の布目をそろえる。

※生地によって実物大型紙と布目が異なる場合があるため、作り方ページの裁ち合わせ図を確認。

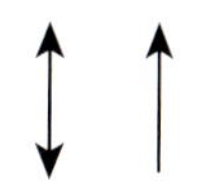

バイアス

合い印
縫い合わせる際にずれないようにつける印で、印同士をまち針でとめてから縫う。

タック

生地を折りたたんでひだを作る位置。詳しいたたみ方は各作品の作り方ページを参照。

Photo P.4

フレンチスリーブのチュニックを作りましょう

縫い代つき型紙を作って裁断し（27ページ参照）、ポイント以外は印をつけずに縫う、手早くできて簡単な方法で解説します（キレイに縫う方法は38ページ参照）。

材料　**布**…天使のリネン〈ピーコック〉100cm幅×220cm
その他…接着芯 90cm幅×40cm（見返し分）、
伸び止めテープ 1.5cm幅約 40cm（ポケット口分）

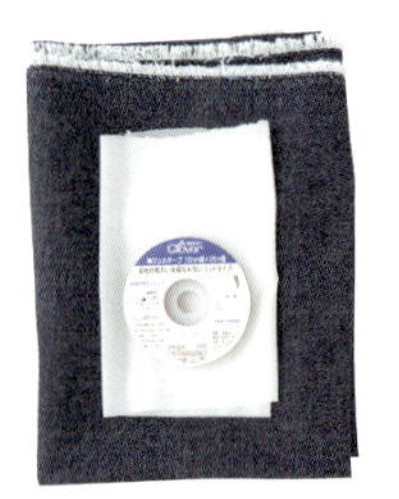

着丈　約 84.5cm

＊生地は表、裏がわかりやすいものに、糸は見やすい色にかえています。

裁ち合わせ図

＊□は接着芯、■は伸び止めテープを貼る
＊縫い代は指定以外1cm
＊並んだ数字は左から7・9・11・13・15号。
1つの数字は5サイズ共通

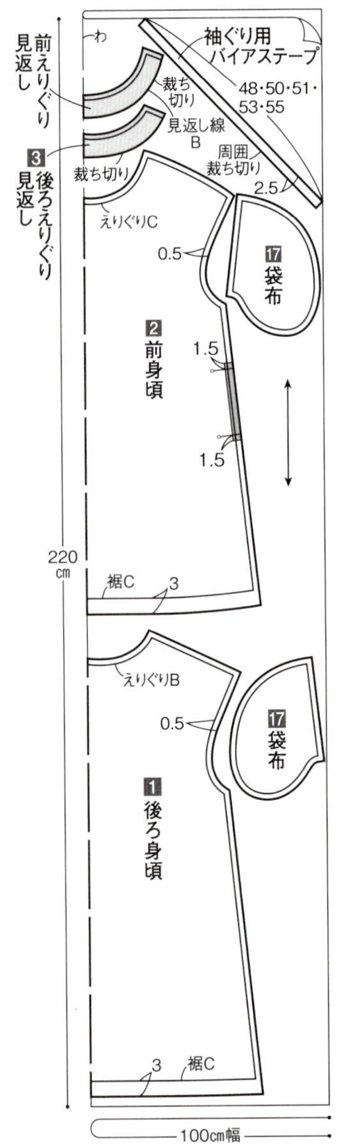

裁断と縫う前の準備

◎裁断

裁ち合わせ図に表示してある型紙番号とデザイン線、縫い代幅を参照し、型紙から必要なパターンをハトロン紙に写し取り、縫い代をつけてカットします。次に裁ち合わせ図を参照して生地をたたみ、型紙を置いてまち針でとめ（または重りで固定）、前、後ろ身頃・前、後ろ見返し各1枚、袋布4枚、バイアステープ 2本を裁断します。

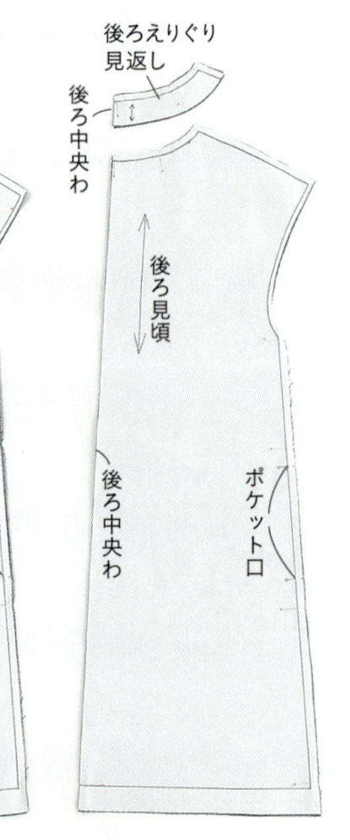

◎ポイントの印つけ（ノッチ）

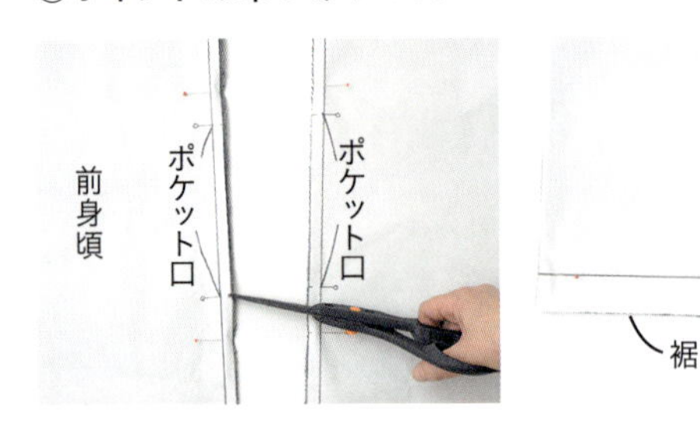

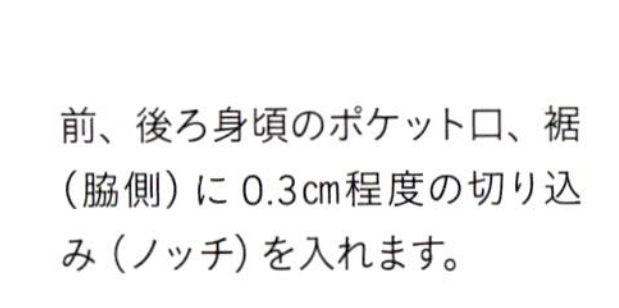

前、後ろ身頃のポケット口、裾（脇側）に 0.3cm程度の切り込み（ノッチ）を入れます。

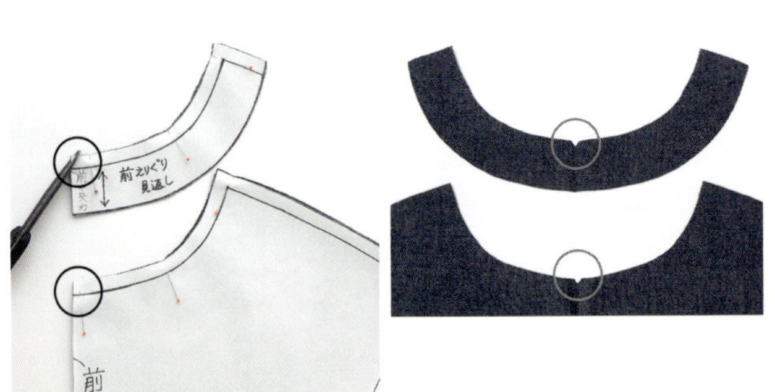

前、後ろ身頃中央と前、後ろ見返し中央は、二つ折りにした状態で角をそれぞれ三角に少しカットする（開くと写真右のような状態になる）。

◎見返しの準備

1 見返しに接着芯を貼ります。まず、接着芯に型紙ではなく裁断した前、後ろ見返しの布を重ねて裁断し、裏にアイロンで接着します。

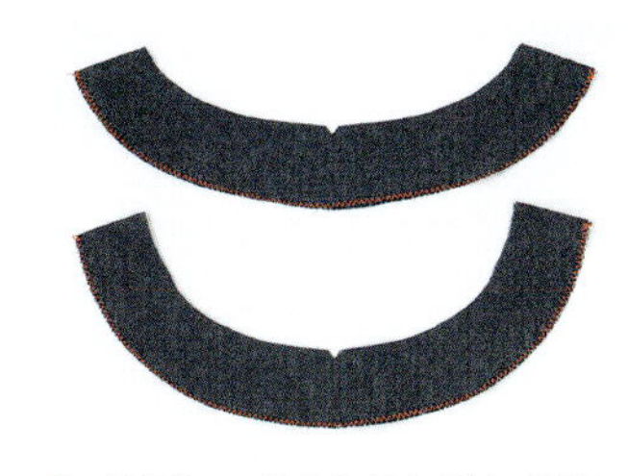

2 見返しの外まわりを縁かがりミシンで始末します。

◎ポケットの準備

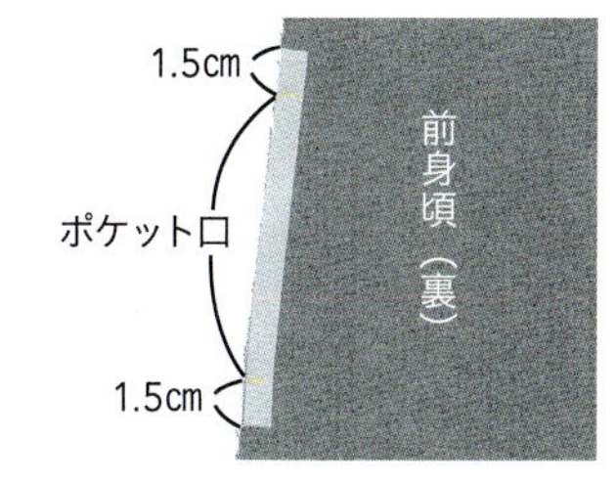

前身頃のポケット口の縫い代に伸び止めテープを貼ります（ノッチを入れたところの1.5cm先まで）。

◎バイアステープ作り

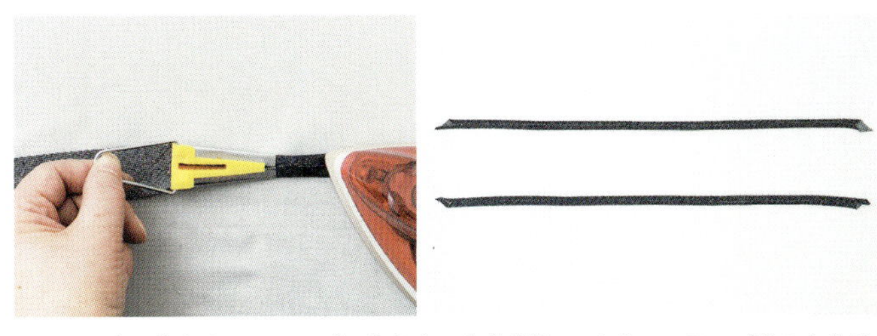

39ページの「バイアステープの作り方」を参照し、バイアステープを2本作ります。

◎身頃の裾の折り上げ

裾は仕上げの工程ですが、縫い合わせて面積が大きくなる前に行っておくと作業がラクに。2cmの三つ折りは、アイロン定規（26ページ参照）でまず3cm折り上げ、次に1cm内側に折り込みます。

縫い方

1 肩を縫い、身頃に見返しをつける

1 前、後ろ身頃と前、後ろ見返しをそれぞれ中表に合わせ、肩を縫います。

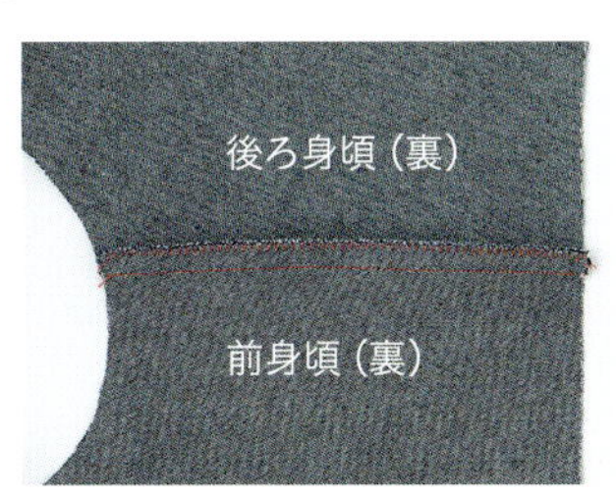

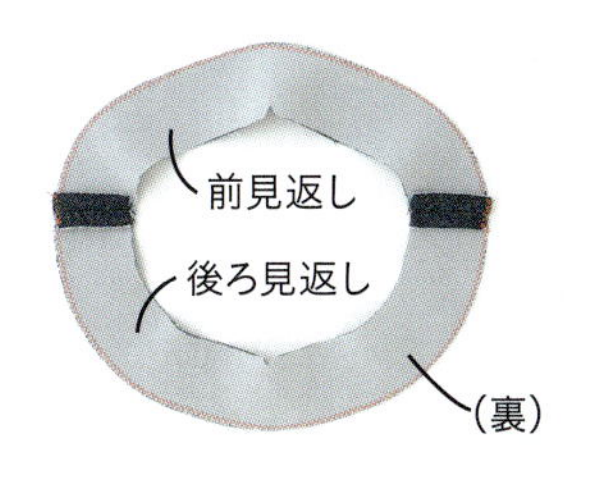

2 縫い代を身頃は2枚一緒に縁かがりミシンで始末してから後ろ側に片返し、見返しは割ります。

Point

3 身頃と見返しを中表に合わせ、前、後ろ中央と肩の合い印をぴったり合わせてまち針でとめます。

4 えりぐりを縫いますが、肩の縫い代から返し縫いをせずに縫い始め、縫い始めと1.5cm重ねて縫い終わるとキレイに。

5 肩のはぎ目を避け、えりぐりの縫い代に1cm間隔で切り込みを入れます（縫い目のきわまで入れる）。

6 縫い代をアイロンで片返します。

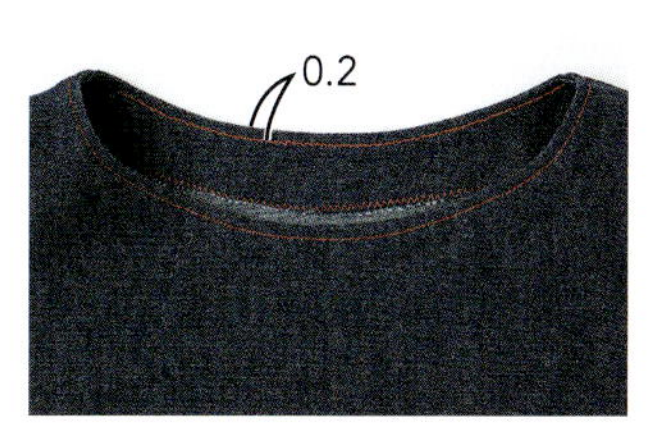

7 見返しを表に返してアイロンで整え、ステッチをかけます。このとき4の要領でかけるとキレイに。
※肩の縫い代は目立たないため。

2 袖ぐりを始末する（裏バイアス始末）

1 身頃の袖ぐりとバイアステープを中表に合わせてまち針でとめますが、このときバイアステープの外側がなじむように伸ばし気味に合わせます（内側は波打つ感じになる）。

2 バイアステープを開き、折り目（0.5cmのところ）を縫います。

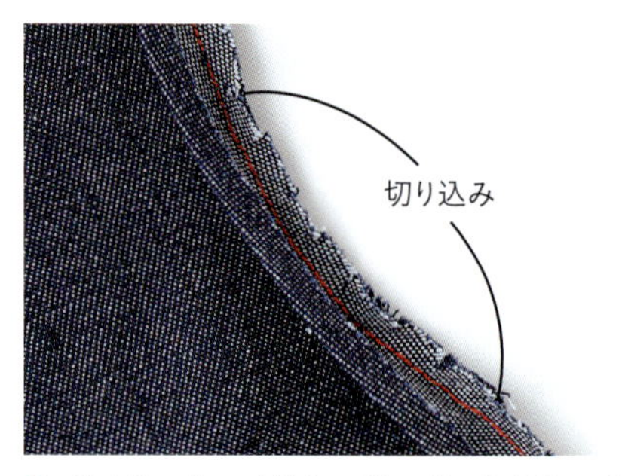

3 袖ぐりのカーブ部分の縫い代に切り込みを入れます。

4 縫い代をアイロンでいったん割り、バイアステープを裏側に返します。

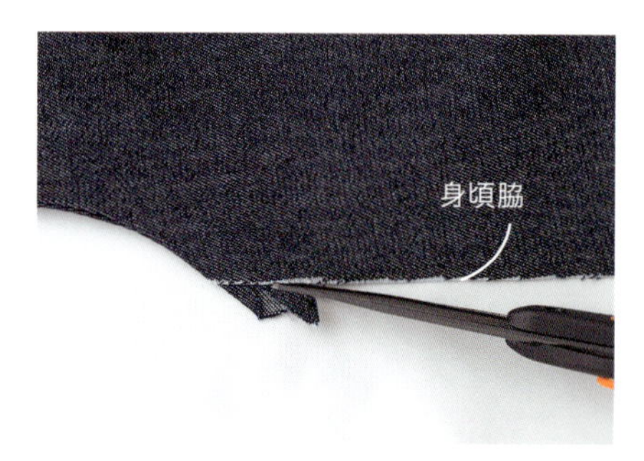

5 身頃脇に合わせ、バイアステープの端をカットします。

3 脇を縫う

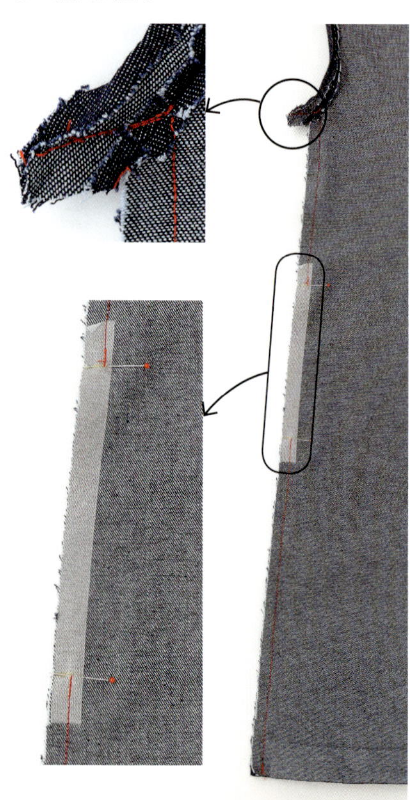

バイアステープを開き、バイアステープの端から続けて脇を縫いますが、ポケット口は縫い残します。

4 ポケットをつける

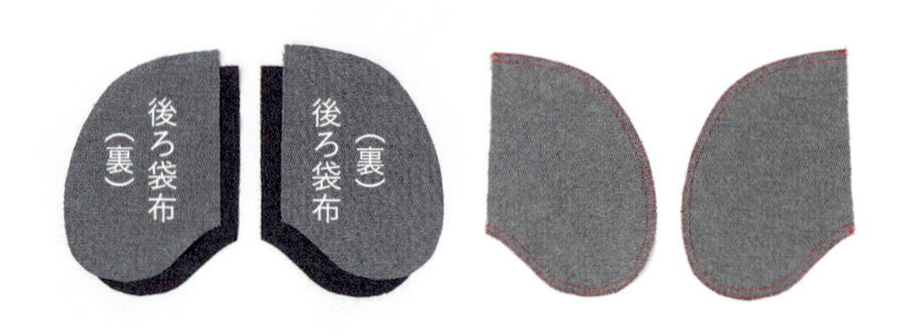

1 前、後ろ袋布を中表に合わせてまわりを縫い、縫い代は2枚一緒に縁かがりミシンで始末します。

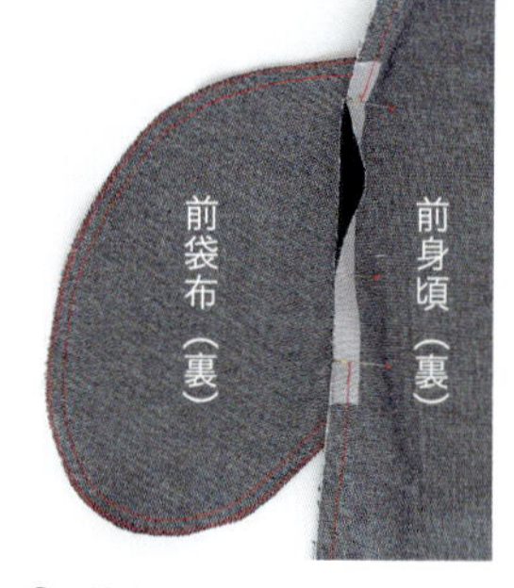

2 前身頃と前袋布のポケット口を中表に合わせ、まち針でとめます。

3 ポケット口を縫います。

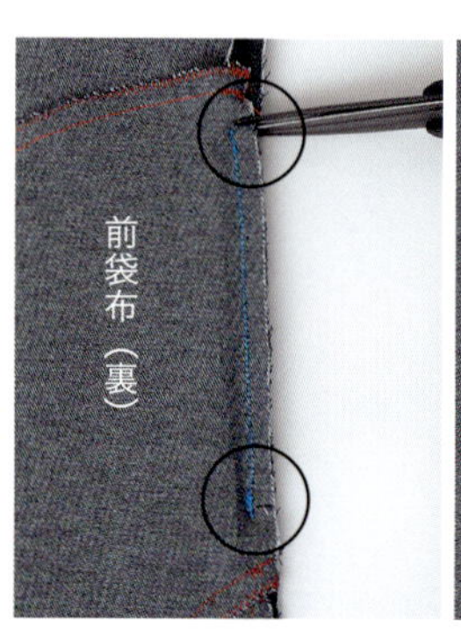

4 前身頃と前袋布のポケット口の上下の縫い代（ノッチを入れた部分）に切り込みを入れ、縫い代を割って整えます。身頃の脇は、縫い代を後ろ側に倒します。

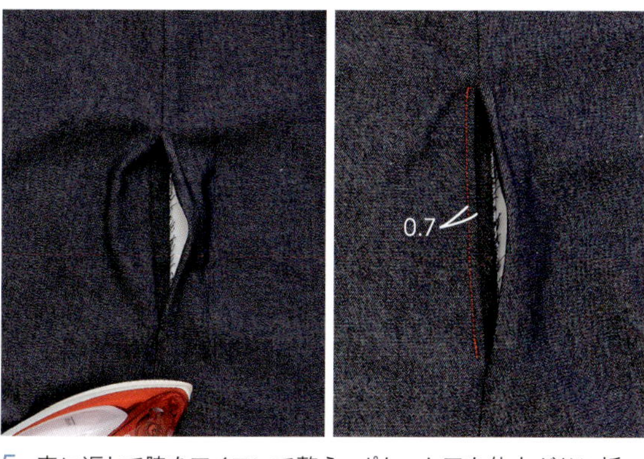

5 表に返して脇をアイロンで整え、ポケット口を仕上がりに折って、ステッチをかけます。

6 後ろ身頃と後ろ袋布のポケット口を中表に合わせて縫います（写真右は、写真中央を裏返して身頃側から見た状態）。

7 脇を縁かがりミシンで始末します（身頃は2枚一緒、ポケット部分は3枚一緒に縁かがりミシン）。

8 表に返し、ポケット口の上下に補強のための止めミシンを3回かけます（脇をまたぐようにしてかける）。

5 仕上げる

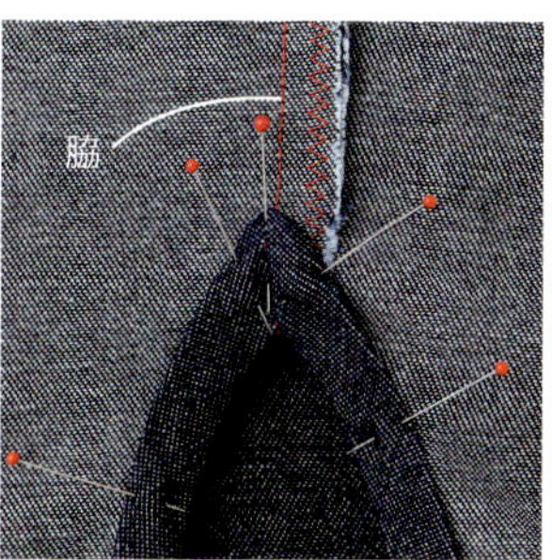

1 袖ぐりはバイアステープの端を三角に折り込んで整え、まち針でとめてステッチをかけます。

2 裾の三つ折りをもう一度アイロンで整え、ぐるりとステッチをかけます。

3 見返しのはみ出した縫い代をカットします。

4 見返しを身頃の肩の縫い代にまつります。

完成！

ヨーク切り替えのシャツを作りましょう

Photo P.21

縫い代つき型紙を作って裁断し（27ページ参照）、ポイント以外は印をつけずに縫う、手早くできて簡単な方法で解説します（キレイに縫う方法は38ページ参照）。

材料　A布…綿麻フレンチライン〈ネイビー地に白〉110cm幅×190cm（身頃・台えり・上えり用）
B布…海のダブルストライプ〈ブルー〉110cm幅×100cm（ヨーク・袖・カフス用）
その他…接着芯 90cm幅×60cm（表台えり・表上えり・表カフス分）、1cm幅熱接着両面テープ、ボタン 1.3cm幅を8個

着丈　約 96cm

＊生地は表、裏がわかりやすいものに、糸は見やすい色にかえています。

裁ち合わせ図

A布

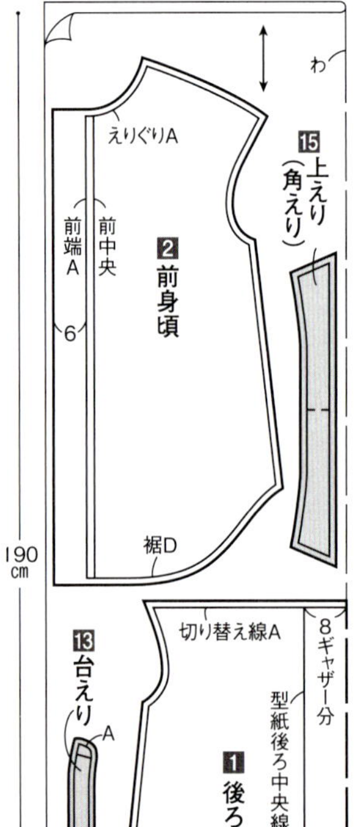

＊▭は接着芯を貼る
＊縫い代は指定以外1cm

B布

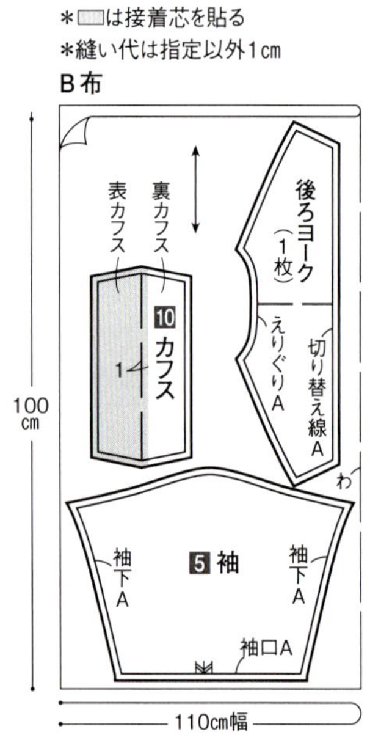

裁断と縫う前の準備

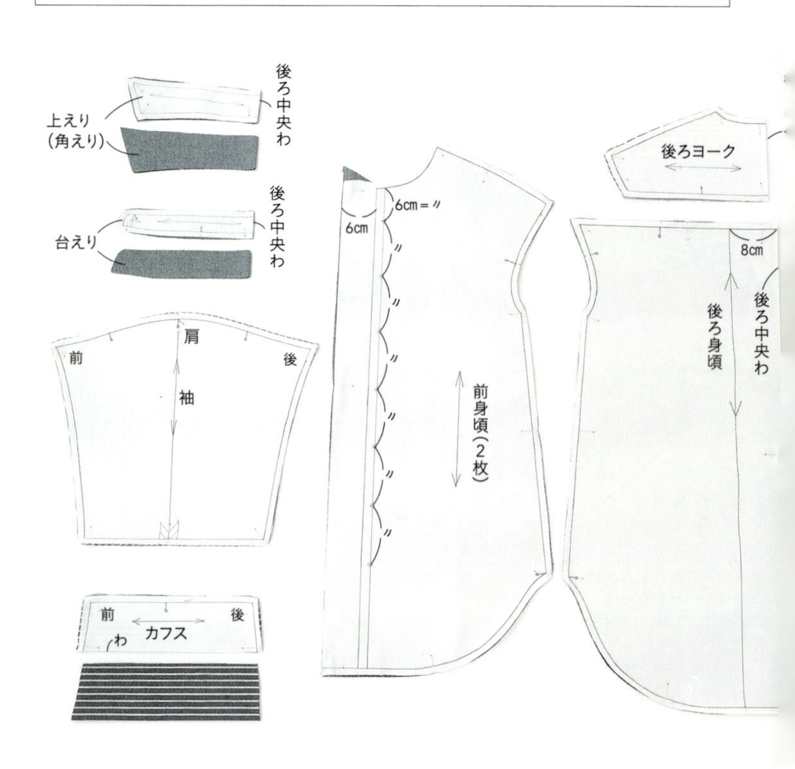

◎裁断　28ページの作品の裁断を参照して型紙を作りますが、後ろ身頃は中央からギャザー分 8cmを延長します。指定の布で前身頃・袖・カフス・台えり・上えり各 2枚、後ろ身頃・後ろヨーク各 1枚を裁断しますが、前端のえりぐり部分は多めに縫い代をつけておきます。

◎ポイントの印つけ（ノッチ）

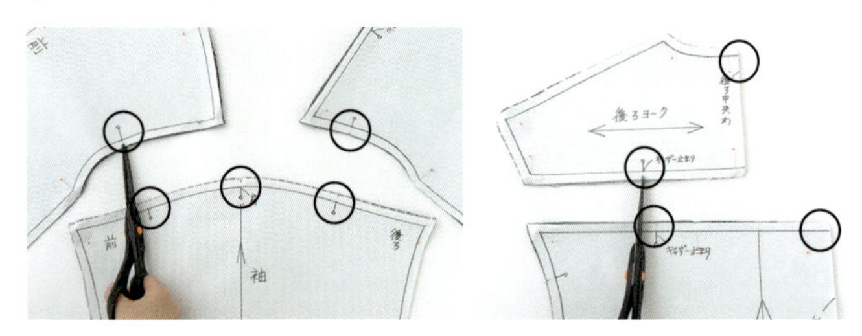

前、後ろ身頃・袖の合い印、後ろヨーク・後ろ身頃のギャザー止まりには0.3cm程度の切り込みを、後ろヨーク・後ろ身頃・袖中央は、二つ折りにした状態で角をそれぞれ三角に少しカットします。

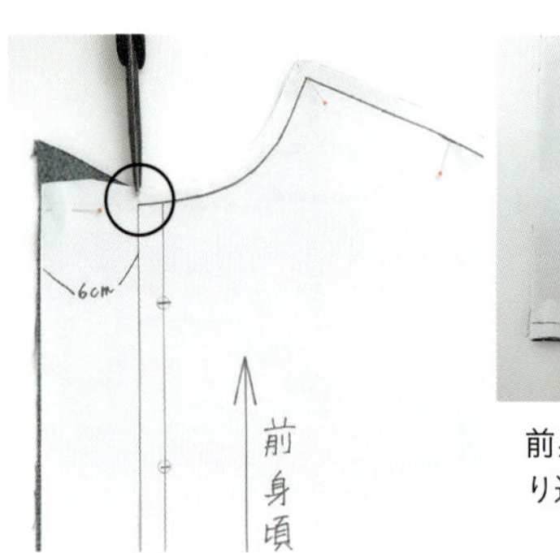

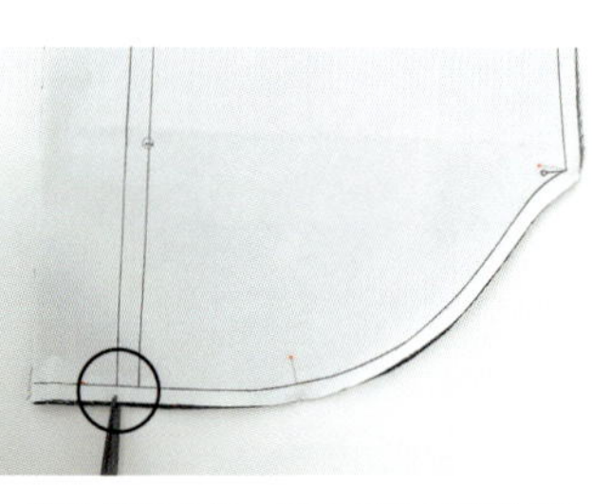

前身頃のえりつけ止まりと前端裾に切り込みを入れます。

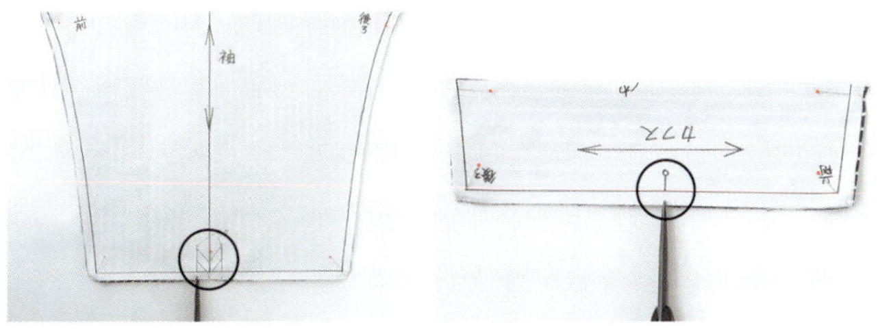

袖のタック位置（両端）、カフス中央に切り込みを入れます。

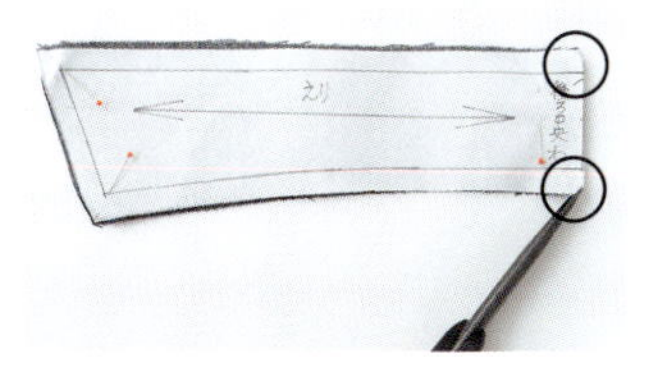

上えり・台えりの中央は二つ折りにした状態で角をそれぞれ三角に少しカットします（写真は上えり）。

◎接着芯を貼る

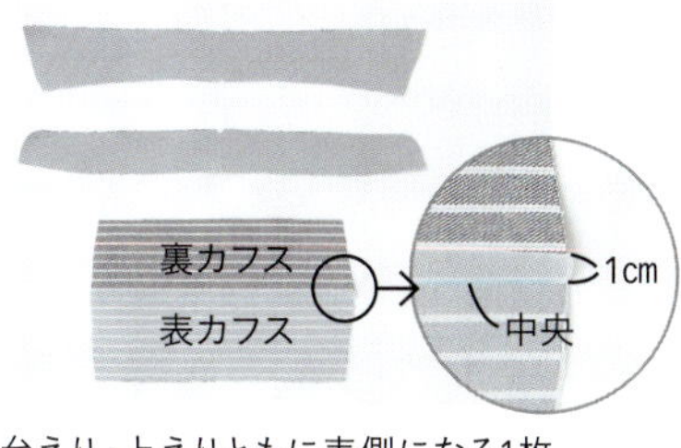

台えり・上えりともに表側になる1枚の全面に貼ります。カフス2枚は表側になる面のみ（半分）に貼りますが、中央から1cmかかるようにします。

◎前端、裾の折り上げ

まず定規を使い、前端から12cmのところに印をつけて6cm折り上げます。次にアイロン定規で3cm折り込み、完全三つ折りにします。

カーブしている裾は定規を使って2cm幅の印を細かくつけ、まず1cm折り上げ、次に0.5cm折り込んで三つ折りにします。

◎前端の裾の始末

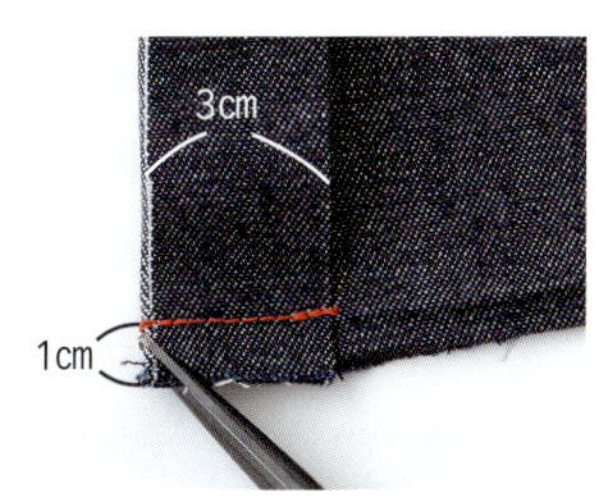

1　三つ折りにした前端をいったん二つ折りに開き、身頃と中表に合わせて裾を縫い、角の縫い代をカットします。

2　1で縫ったところに親指を入れ、裾の縫い代を人さし指で折りながら表に返します。

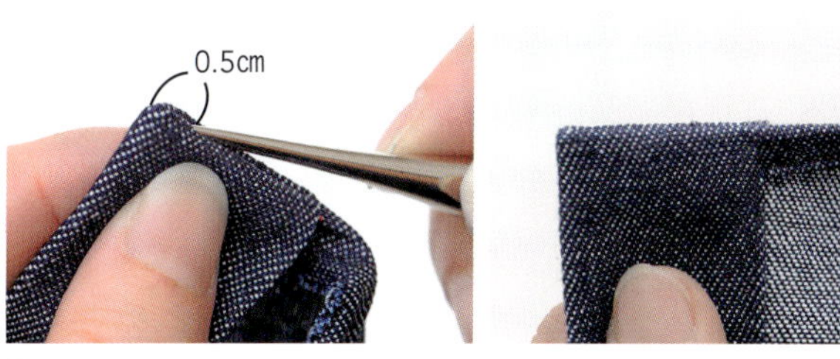

3　角は0.5cm手前から目打ちを刺し込み、引き出すようにしてきれいに整えます。

縫い方

1　前端、裾を縫う

1　前端を熱接着両面テープで仮止めします。まず二つ折りに開き、アイロンでテープを貼ります。

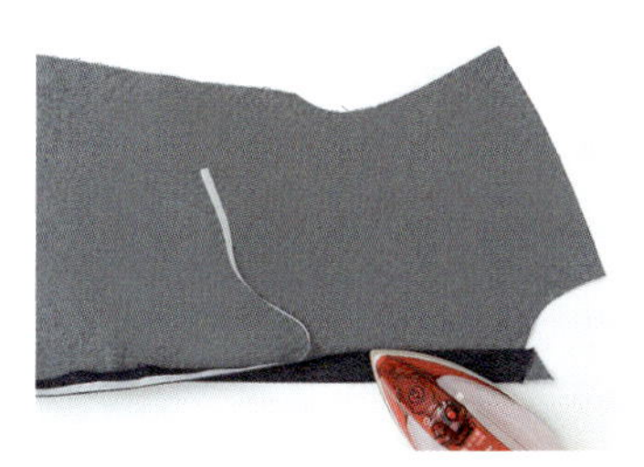

2　テープの剥離紙をはがしながら三つ折りに折り直し、アイロンで貼ります。

3　前端、裾の順にステッチをかけ、えりぐりの余分な縫い代はカットします。

2 後ろ身頃にヨークをつける

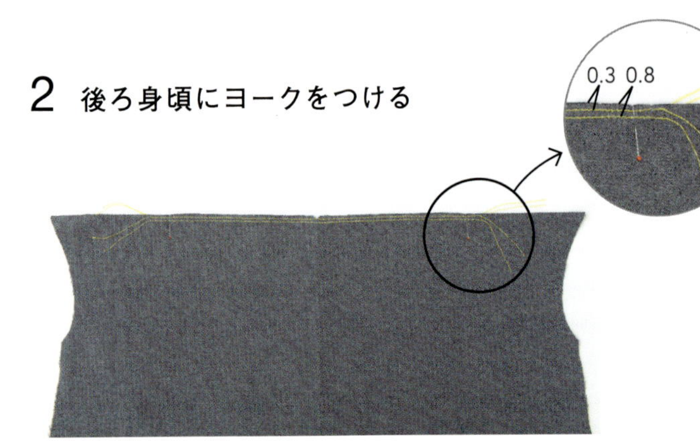

1 後ろ身頃の縫い代に、針目を約 0.4cmに粗くしたギャザーミシンを 2本かけます（返し縫いはせず、糸端を 5cm残す）。

2 身頃とヨークを中表に、中央、ギャザー止まり、両端、合い印の順に合わせてまち針でとめます。

3 片側ずつギャザーミシンの糸端を引き、ギャザーを寄せます。合い印から合い印へと間隔ごとに寄せると片寄らずキレイに。最後は均等になるように整え、合い印と合い印の間にまち針を打ってギャザーを固定します。

4 ギャザーミシンは抜かず、そのまま身頃とヨークを縫い合わせ、2枚一緒に縁かがりミシンで始末します。

5 縫い代をヨーク側に片返し、ステッチで押さえてアイロンで整えます（後ろ身頃を裾側にやや引っぱりながら当てると、かけやすくキレイに）。

3 肩を縫う

1 前、後ろ身頃を中表に合わせて肩を縫い、縫い代は2枚一緒に縁かがりミシンで始末します。

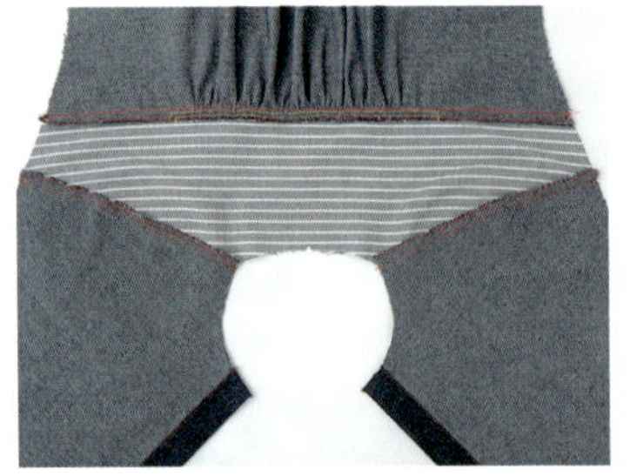

2 肩の縫い代を後ろ側に片返します。

4 えりを作る

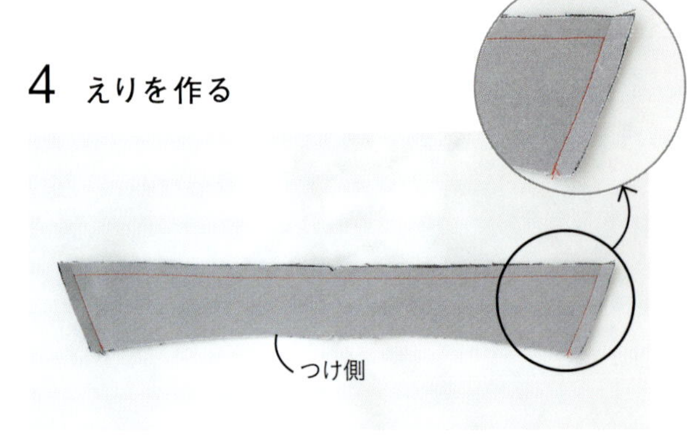

1 上えり2枚を中表に合わせ、つけ側を残して縫います。

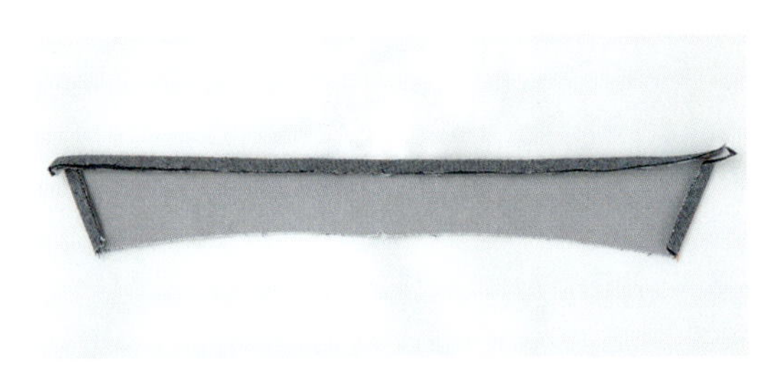

2 接着芯を貼った表えり側に縫い代を倒します。

Point

3 上えりの角の縫い代は、0.3cm残して三角にカットします。

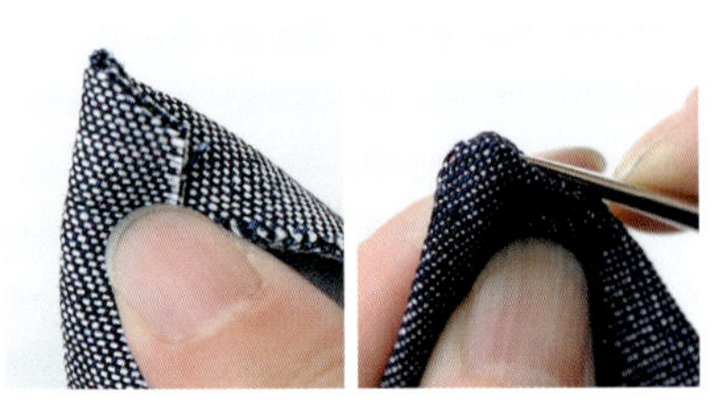

4 角の縫い代を指先で押さえたまま上えりを表に返し、目打ちで角を整えます。

Point

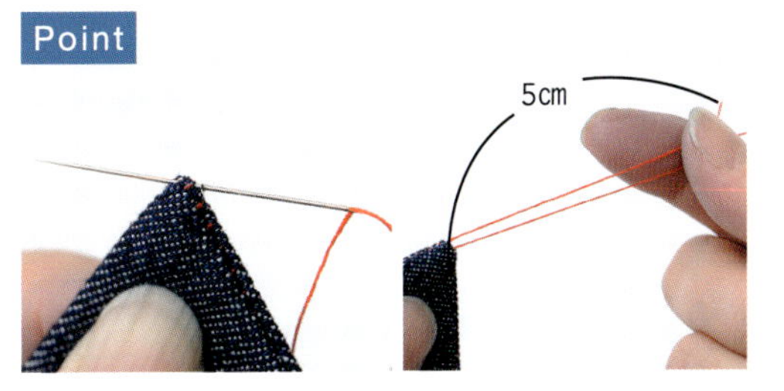

5 整えた角をひと針すくい、糸を通します（もう一方の角も同様に通す）。

6 つけ側を残して上えりにステッチをかけます。角まできたら針は刺したままで押さえ金を上げ、向きを変えます。再び押さえ金を下ろしたら、5で通した糸を進行方向に引きながらミシンをスタートさせます。

7 6の方法で縫った角。縫い代が厚くてミシンがうまく進まず、糸がたまりやすい角も、スムーズに縫えて仕上がりもキレイに。

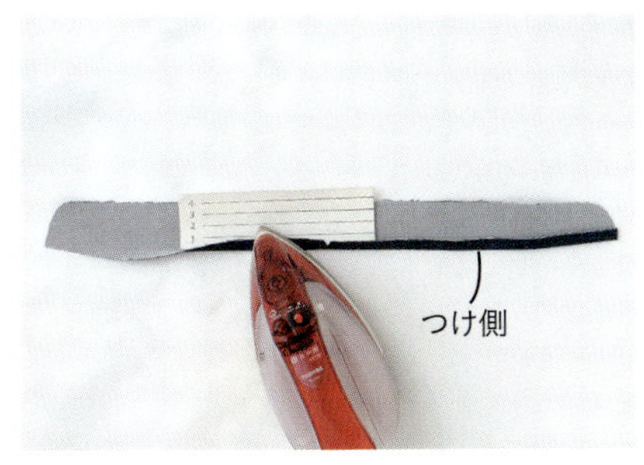

8 接着芯を貼った表台えりの縫い代を仕上がりに折ります。

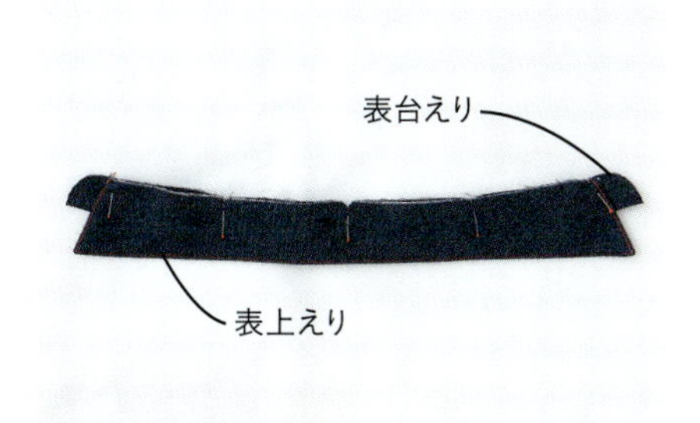

9 表台えりに表上えりが上になるように重ね、後ろ中央とえりつけ止まり、さらにその間をまち針でとめます。

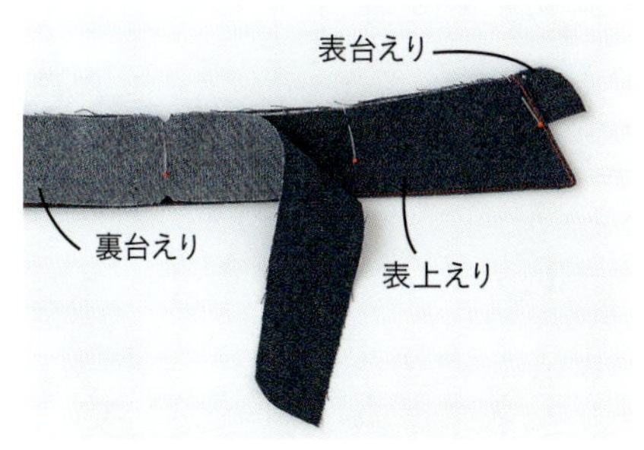

10 9に裏台えりを中表に合わせて上えりを挟み、まち針を打ち直します。

11 表台えりの縫い代は折ったまま、つけ側を残して台えりを縫います。

Point

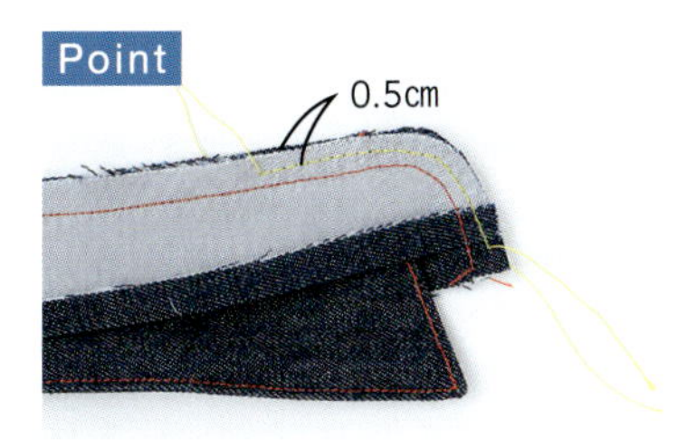

12 角の丸みをきれいに出すため、台えりのカーブ部分にそれぞれギャザーミシンを1本かけます。

13 糸端を引いてギャザーを寄せ、表に返してアイロンで整えます（こうすると角の丸みがキレイに出る）。

5 身頃にえりをつける

Point

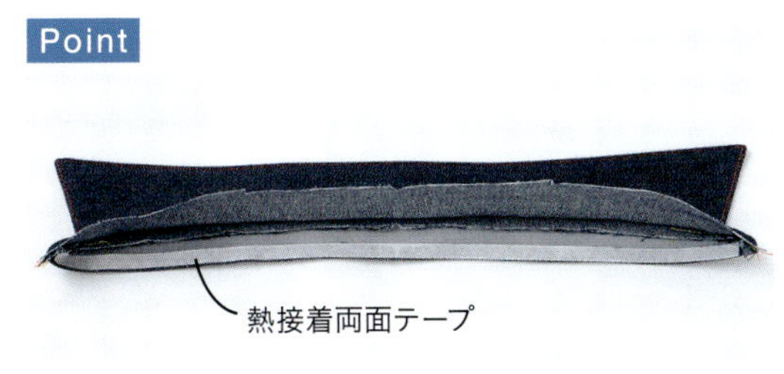

1 表台えりの縫い代に、アイロンで熱接着両面テープを貼ります（えりがよれずにキレイにつく）。

2 身頃と裏台えりを中表に合わせます。両端、中央、肩の順にまち針でとめ、さらにその間もまち針でとめて縫い合わせます。

3 2で縫ったえりぐりの縫い代に、縫い目のきわまで1cm間隔で切り込みを入れます。

4 台えりを身頃に重ね、熱接着両面テープの剥離紙をはがしながらアイロンで貼り、仮止めします。

5 台えりにぐるりとステッチをかけます。このとき、肩から返し縫いをせずに縫い始め、縫い始めと2cm重ねて縫い終わります。
※前端は縫い目が目立つので避ける。

6 身頃に袖をつける

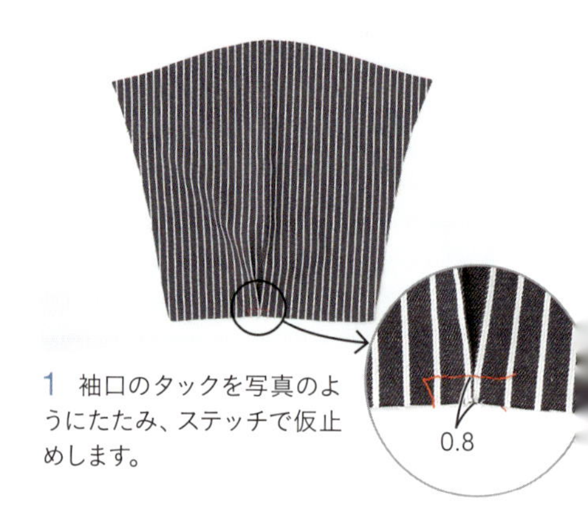

1 袖口のタックを写真のようにたたみ、ステッチで仮止めします。

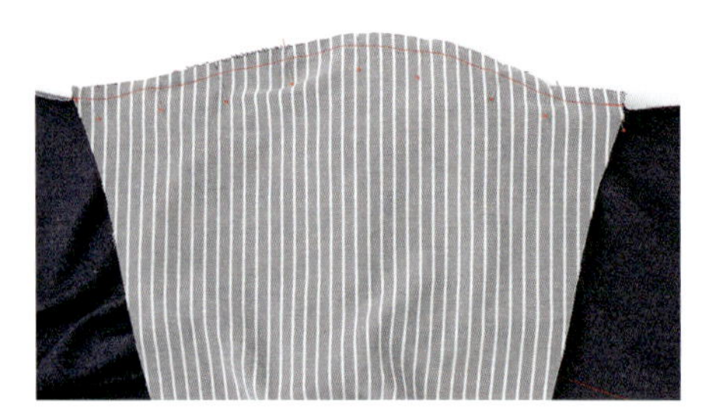

2 身頃と袖を中表に、袖つけ止まり、肩、合い印の順にぴったりと合わせ、さらにその間もまち針を打ってとめます。

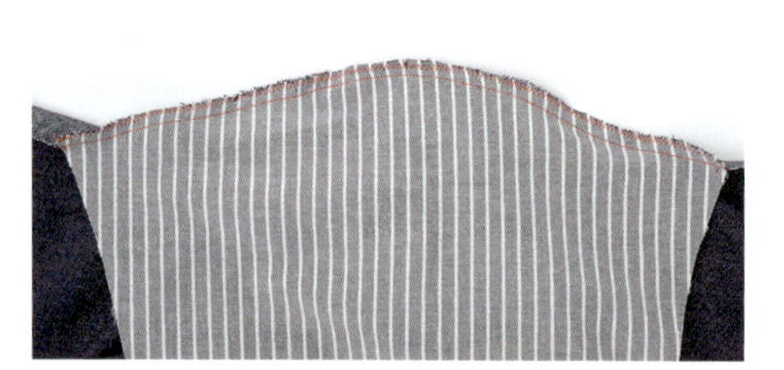

3 袖山を縫い、縫い代は2枚一緒に縁かがりミシンで始末します。

4 縫い代は身頃側に片返し、表に返してステッチをかけます。

7 袖下から脇を縫う

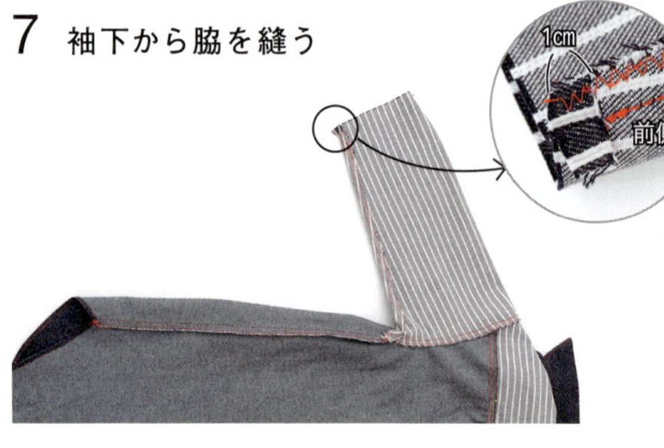

1 脇、袖下をそれぞれ中表に合わせて続けて縫いますが、袖下は1cm縫い残します。縫い残した1cmは前側の縫い代にのみ切り込みを入れて縫い代を割り、脇から袖を2枚一緒に縁かがりミシンで始末します（縫い代は後ろ側に片返す）。

2 脇裾をステッチで押さえます。

8 袖にカフスをつける

1 接着芯を貼った表カフス側の縫い代を仕上がりに折ります。

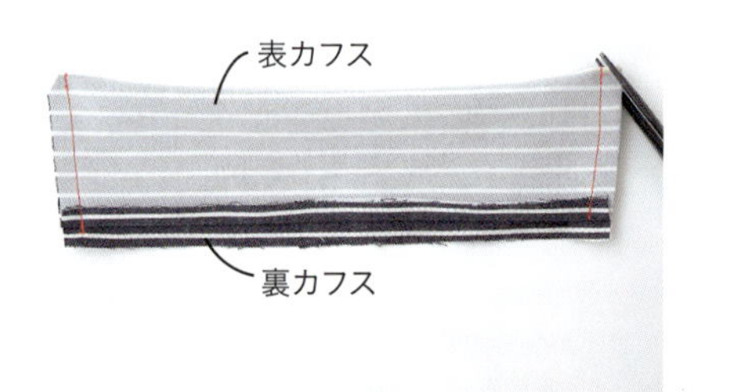

2 カフスを中表に二つ折りにして両端をそれぞれ縫い、角の余分な縫い代をカットします。

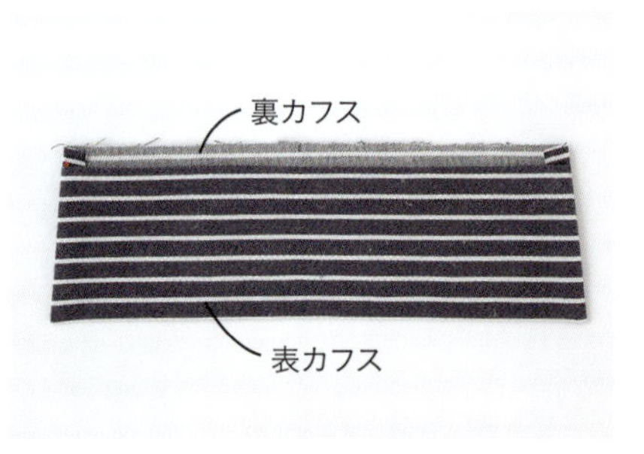

3 表に返してアイロンで整えます。

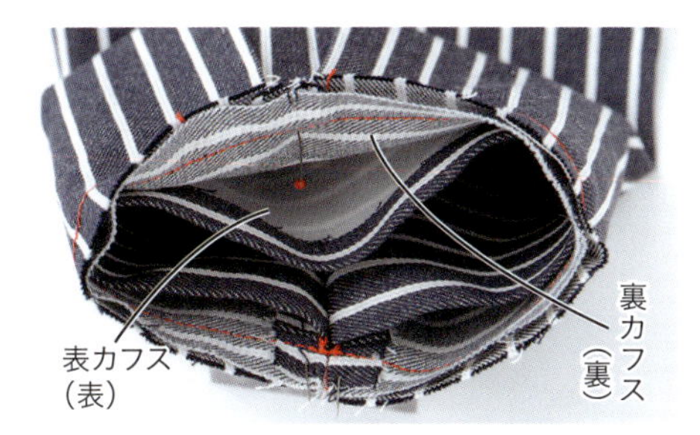

4 袖（裏）に裏カフス（表）を合わせ、まち針でとめて縫い合わせます（袖の中をのぞくようにして、袖下から縫う）。

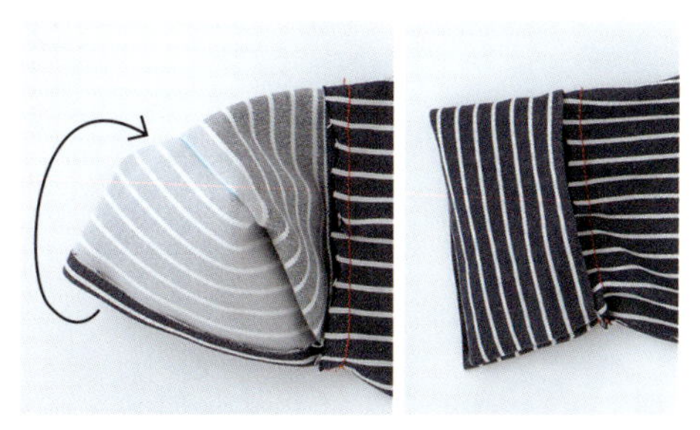

5 袖口に手を入れて表カフスを引き出し、折り返します。

6 表カフスを裏カフスの縫い目に重ねて、袖下から図のようにカフスにぐるりとステッチをかけます。

9 仕上げる

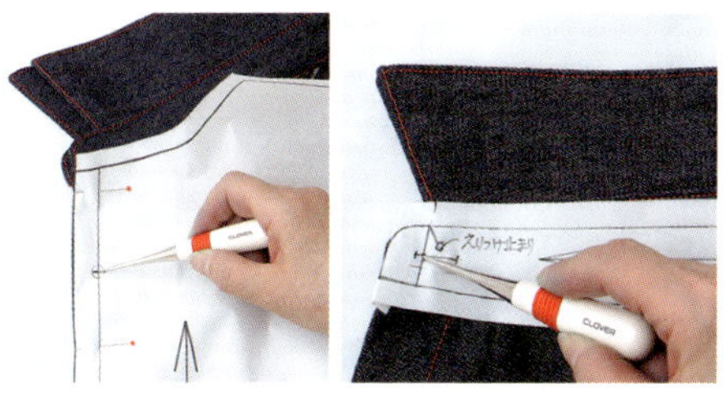

1 前身頃と台えりそれぞれの型紙を作品に重ね、ボタン穴の位置に目打ちを刺して穴をあけ、印をします。

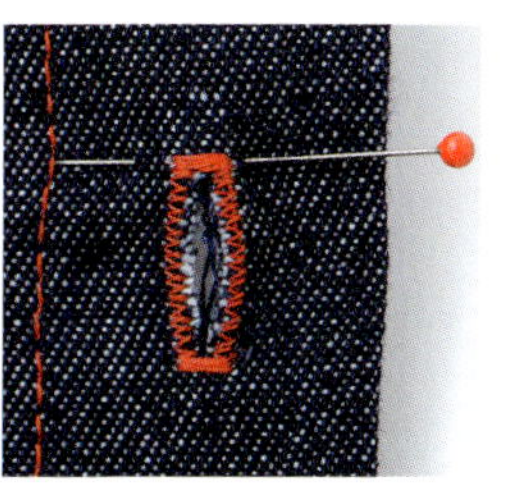

2 ボタン穴を縫ったら、まち針をストッパーにし、リッパーで中央に切り込みを入れて穴をあけます。

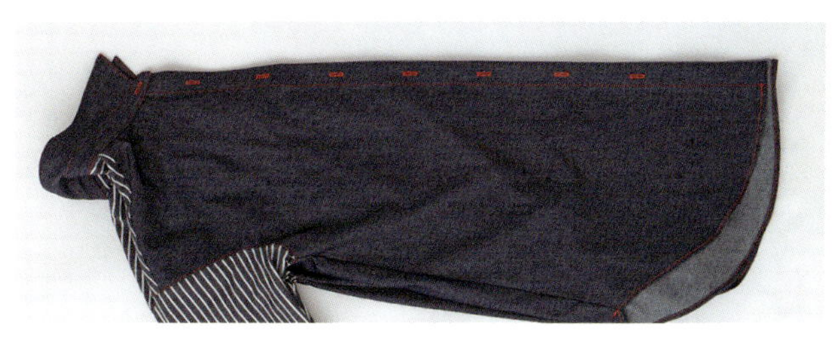

3 2の要領ですべてのボタン穴に穴をあけます。

4 左前端にボタンをつけます。

完成！

ボタンの上手なつけ方 ＊ボタンつけ糸なら1本どり、ミシン糸30番なら2本どり。

1 糸玉を作り、ボタンつけ位置をひと針すくいます。

2 ボタンを縫いつけて糸を引く際、ボタンの下に親指を差し込み、足の長さを決めます。

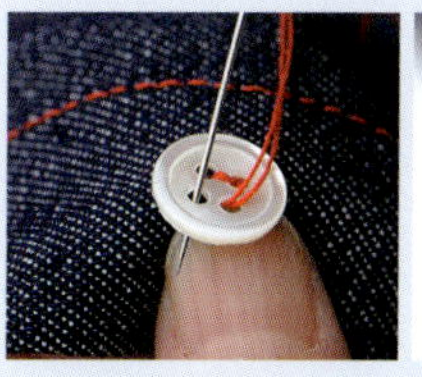

3 親指を差し込んだままでボタンを縫いつけていき、足の長さを一定に保ちます。

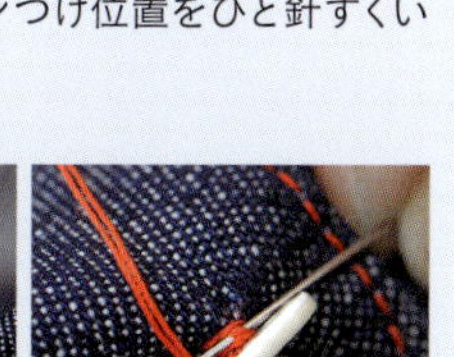

4 ボタンに2〜3回糸を通したら、丈夫にするため、足に糸を数回巻きつけます。

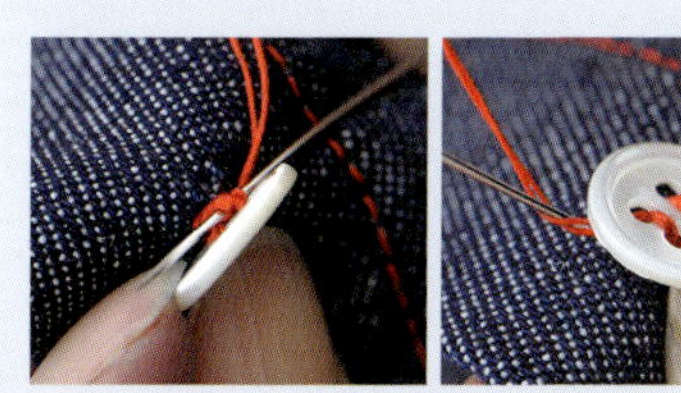

5 巻きつけた糸がゆるまないよう、足に針を通して引き締め、足元で玉結びをします。

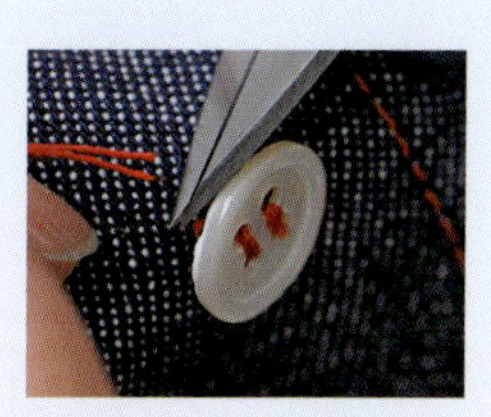

6 最後にもう一度足に針を通し、糸を短く切ります。

ポイントプロセス解説

作品をスムーズに作るためのテクニックや、キレイに縫うためのコツをピックアップして解説します

□型紙裾線の延長の仕方

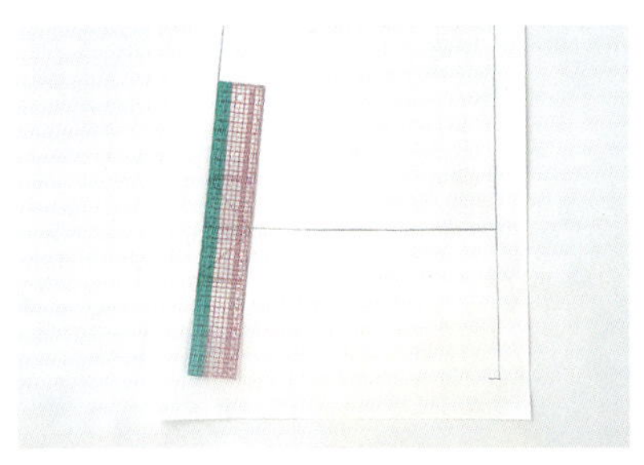

❶身頃の中央、脇線にそれぞれ方眼定規を当て、必要な寸法分線を引いて延長します。

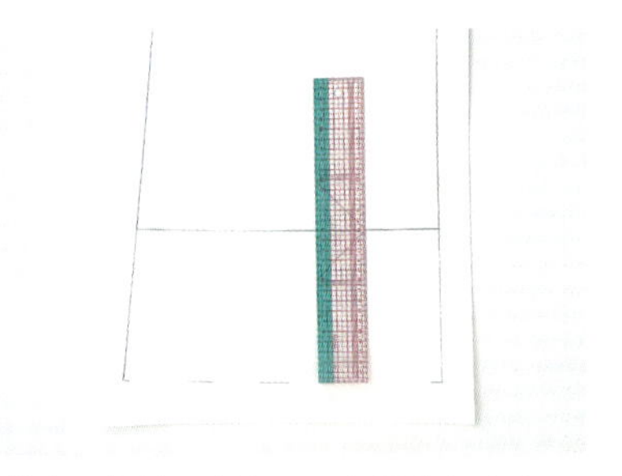

❷指定の裾線に合わせて方眼定規を当て、点線状に印をつけます。

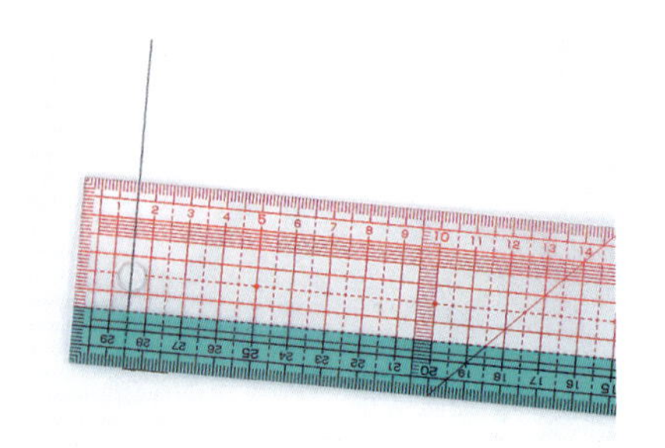

❸線を方眼定規でつなぎますが、脇線とぶつかる角は直角になるように引きます。

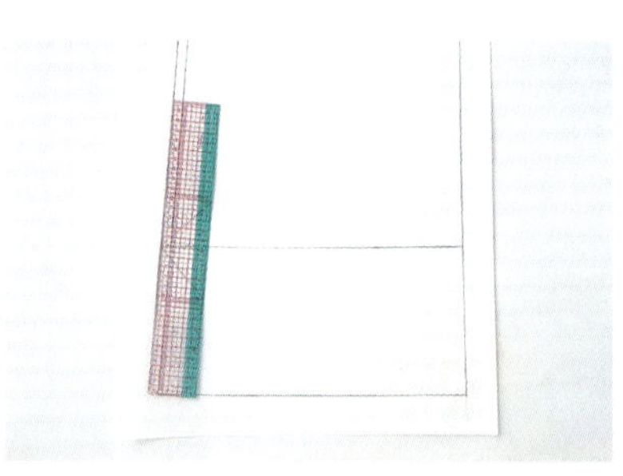

❹点線をつなぎ、裾線が延長できたところ。丈を短くする場合も同じ要領。この方法を使えば、好みの丈に調整できます。

□ギャザー分、タック分の出し方

＊後ろ中央の場合で解説。前中央から出す場合も同様

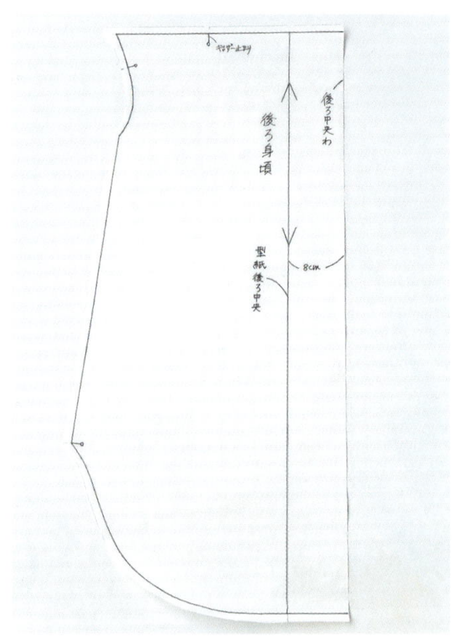

型紙後ろ中央線から平行に指定寸法分の線を引きます。次に裾と切り替え線を平行線までまっすぐ延長します。

□ポイント以外の印をつけずに縫う方法

＊縫い代つき型紙と便利な用具に使い慣れれば、仕上がり線の印をつけなくても、手早くキレイに縫える。

ミシンの針板を活用
ミシンの針板に目盛りがついている場合は、その目盛りを目安に確認しながら縫えます。

マグネット定規を使用
ミシンの針板に磁石で固定すれば、ガイドの役割に。縫い代幅を一定に保った状態で縫うことができます。

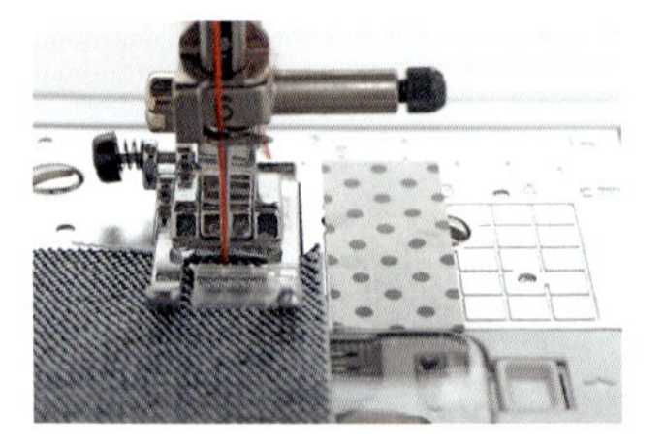

マスキングテープを貼る
縫い代幅分の寸法を測ってマスキングテープを貼り、テープ端に沿わせるようにして縫います。

●縫い始めるときのコツ

上糸と下糸を指先で持ち、進行方向に引っぱりながら縫い始めると、ミシンがスムーズに進みます。

□接着芯について

見返しやえり、カフスなどの裏面に貼って形状を保ったり、ファスナーやボタン穴つけ位置の裏に貼ることで補強の役割をします。

▶種類

小物と比べ、ウエアで使用するのはご覧のような薄手。とくにこの本の作品はすべて、天然から合繊素材まで使用できてストレッチ性のある接着芯を使用しています。色は表側に出ないものの、生地の色に合わせて黒と白を用意しておくと便利。

▶貼り方

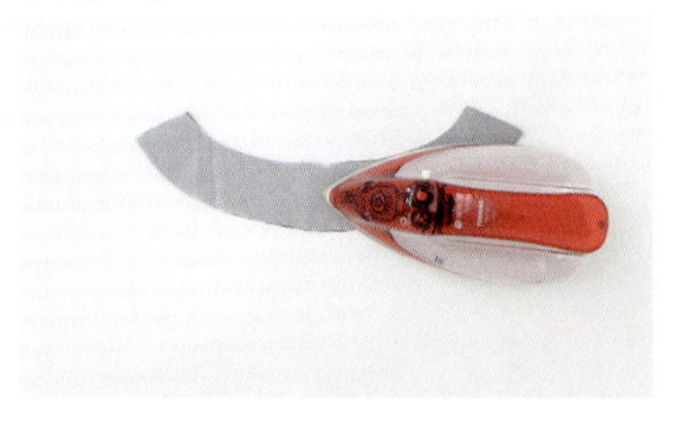

アイロンは中温に設定し、スチームを当てながら押しつけるように接着します。

※高温だと縮んだり、溶けてしまうことも。また、すべらせて接着するとシワが寄るので注意。

□バイアステープの作り方

▶裁ち方

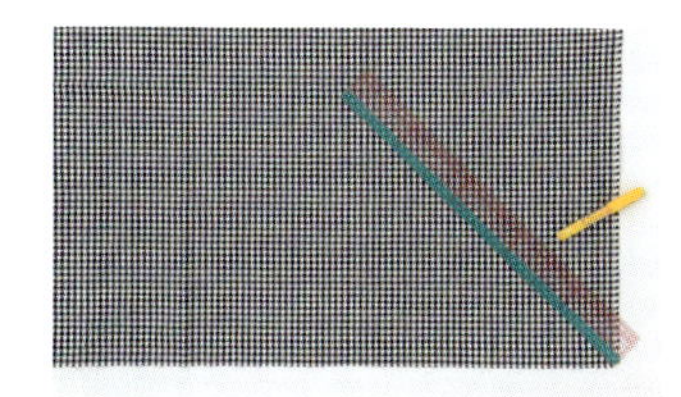

❶布のみみに対して、方眼定規を45度に当てます（5cm幅の定規の角と5cmのところをみみに合わせると、ちょうど45度になる）。

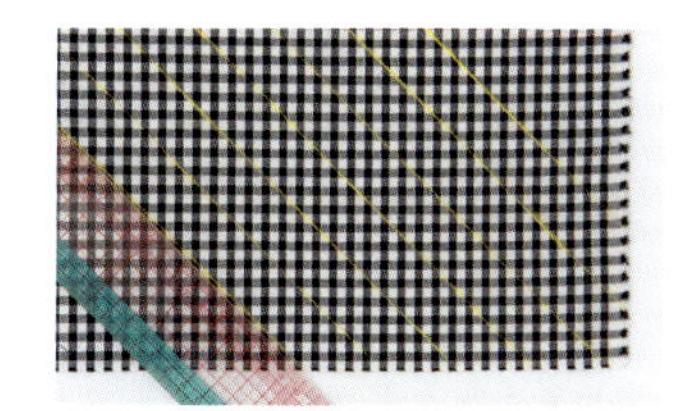

❷方眼定規のマス目を上手に使い、バイアステープを作るのに必要な幅分（写真は2.5cm）の線を平行に引きます。

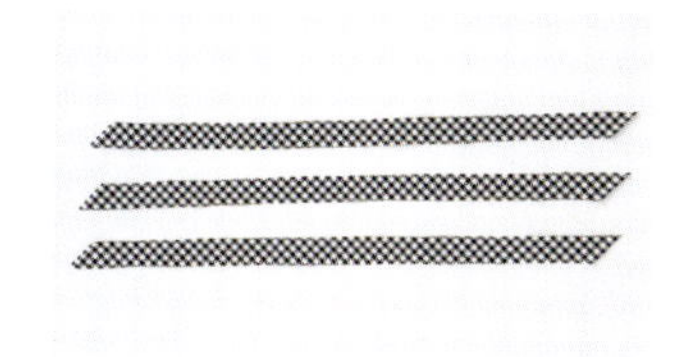

❸線に沿って生地をカットします。

▶はぎ合わせ方

❶バイアスにカットした布2枚を突き合わせます。

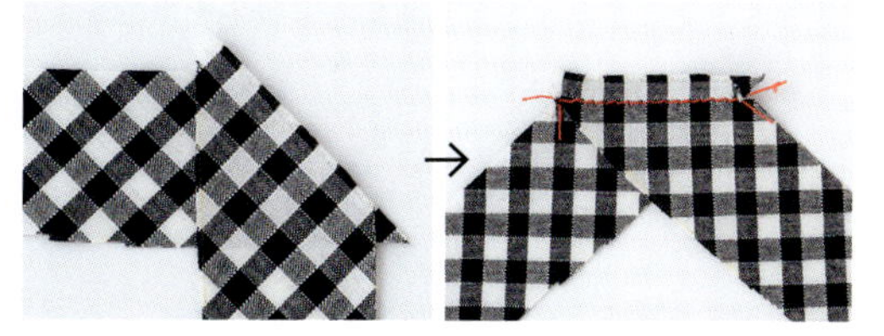

❷テープ同士を中表に合わせ、0.5cm幅で縫い合わせます。

❸アイロンで縫い代を割って整え、余分な縫い代はカットします。

▶作り方

テープメーカーを使う場合

❶バイアス布の先をテープメーカーに差し込み、写真のように通します。

❷布を引き出しながらアイロンで押さえていきます。

アイロンのみの場合

指先で布の上、下辺をそれぞれ二つ折りにたたみながら、アイロンで押さえていきます。

□パイピング始末

＊パイピング始末をする部分は縫い代をつけず断ち切りにし、バイアステープでくるみます。

❶つけ位置とテープの折り線を中表に、やや引き気味にぴったりと合わせて縫います。
※バイアステープの手前側は浮く感じになる。

❷テープを表に折り返し、❶の縫い目を隠すように整えます。
※メルター（26ページ参照）を挟んで仮止めするとキレイに仕上がる。

❸表側からテープ端にミシンをかけます。

□ギャザーの寄せ方、縫い方

▶身頃と裾フリルを縫い合わせる場合

＊ギャザーを寄せる部分が長い場合、半分ずつ行うと作業がラク。

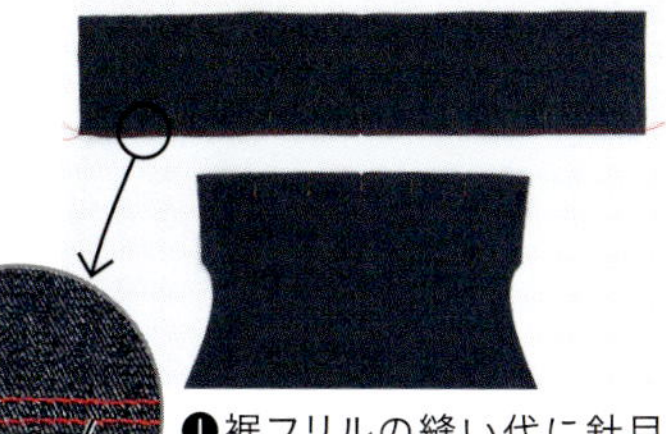

❶裾フリルの縫い代に針目を粗く（0.4cm）したギャザーミシンを2本かけ、身頃と中表に合わせます。

❷まず中央から右半分をセットします。右端と中央、その間にまち針を打ってとめます。次に左側も同様にします。

❸❶の糸端を引いてギャザーを寄せます。半分を一気に寄せるのではなく、まち針とまち針の間で均等になるように寄せていきます。

❹すべてギャザーを寄せたら全体的に均等になっているか確認して整え、身頃と縫い合わせます（❶の糸は抜かずにそのままにしておく）。

□Vネックの見返し始末

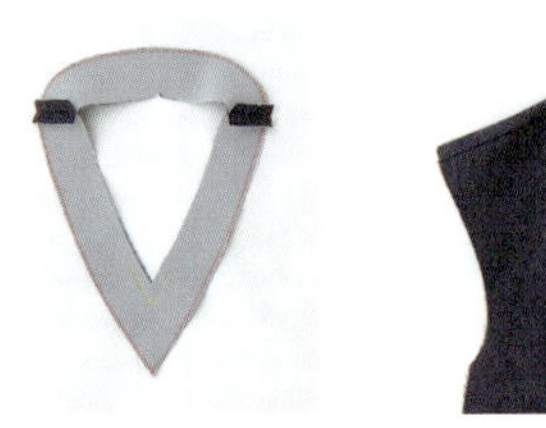

❶身頃と見返しの肩をそれぞれ縫い、縫い代を身頃は後ろ側に片返し、見返しは割ります。

❷身頃と見返しを中表に前、後ろ中央と肩の合い印をぴったり合わせてまち針でとめ、えりぐりをぐるりと縫います。

❸後ろえりぐりに1cm間隔で切り込みを入れます。

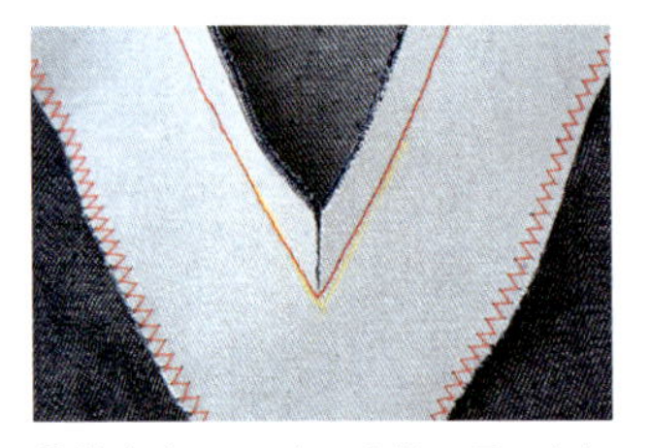

❹前中央のVの角にも縫い目のきわまで深く切り込みを入れます（糸を切らないように注意する）。

❺縫い代をアイロンで片返します。

❻表に返してアイロンでえりぐりを整え、ステッチをかけます。見返し端は肩の縫い代にまつります。

□糸ループの作り方

＊糸ループをつける幅はボタンの幅に厚み分 3mmをプラスした寸法に。糸は 30番を使用。

❶糸ループつけ位置の下側にまち針を打ちます。

❷玉結びした糸を通した縫い針を縫い代のすき間に差し込み、糸ループつけ位置上側に出します。

❸❶の位置をひと針すくって糸を渡します。

❹続けて❷の位置もひと針すくいます。

❺渡した糸に縫い針を差し込みます。

❻縫い針の先に糸をかけて引き出し、糸端を引き締めます。

❼❻と同様に縫い針の先に糸をかえて引き出します。

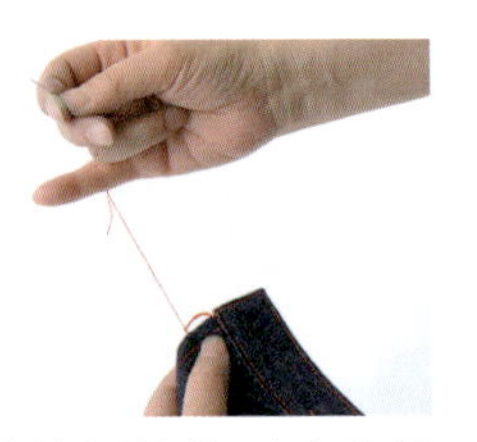

❽糸端を引き締めますが、引く糸端に小指を軽く押し当てるようにして、軽くキュッと引くのがポイント。

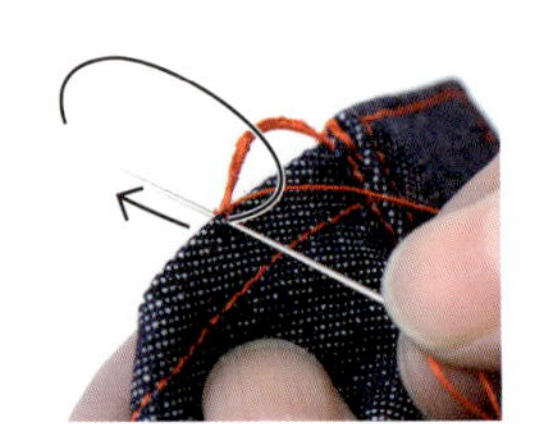

❾端まで❺・❻を繰り返したら、❶に手前側から2回針を入れて裏側に出します。

❿玉結びをしてとめたら、縫い針をループのきわから縫い代の中に通してえりのはぎ目位置に出し、糸を引き込んで玉結びを隠します。糸端は短くカットします。

⓫完成。共布で作って挟むボタンループより、あとからつけるので簡単。

Yoshiko Tsukiori

Arrange wear

作品の作り方

この本では7・9・11・13・15号の5サイズが作れます。
下記の参考寸法表のバストサイズを参考にサイズを選んでください。

参考寸法表　単位＝cm

	7号	9号	11号	13号	15号
バスト	78	83	88	93	98
ウエスト	59	64	69	74	80
ヒップ	86	90	94	98	104
身長	160	160	160	160	160

＊下着を着用した状態で採寸してください。

作り方に関するおことわり

＊生地の用尺や寸法、材料など、
ひとつの数字で表示されているものは5サイズ共通です。
＊生地はあらかじめすべての型紙を配置し、
確認してから裁断してください。

2 ウールのワンピース

□材料

布…林檎のウール（チャコールグレー 地にオレンジ）145cm幅×230cm　※刺しゅう有効幅約135cm
接着芯…90cm幅×20cm（見返し分）
伸び止めテープ…1.5cm幅×約40cm（ポケット口分）

□**着丈**　約99cm

□**作り方**

［縫う前の準備］

・前、後ろ身頃は型紙裾C線を15cm延長する。
・見返しの裏に接着芯、前身頃の裏のポケット口に伸び止めテープを貼る。
・見返しの端、身頃の肩、脇に縁かがりミシンをかける。

1 身頃と見返しの肩をそれぞれ縫う（P.29参照）。
2 身頃に見返しをつける（P.29参照）。
3 袖ぐりを裏バイアス始末にする（P.30参照）。
4 脇を縫う。
5 身頃にポケットをつける。
6 袖ぐりにステッチをかける。
7 身頃の裾を三つ折りにして縫う（P.31参照）。

裁ち合わせ図

＊□は接着芯、■は伸び止めテープを貼る
＊縫い代は指定以外1cm
＊5つ並んだ数字は左から7・9・11・13・15号。
　1つの数字は5サイズ共通

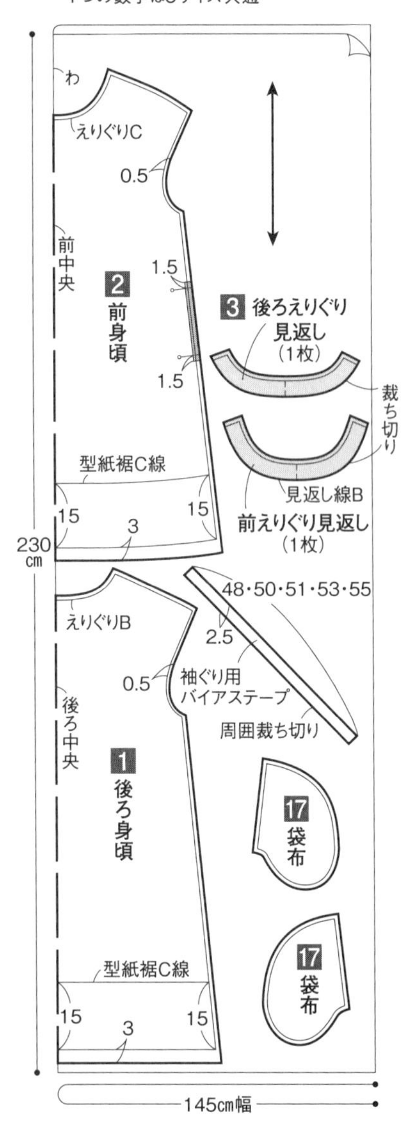

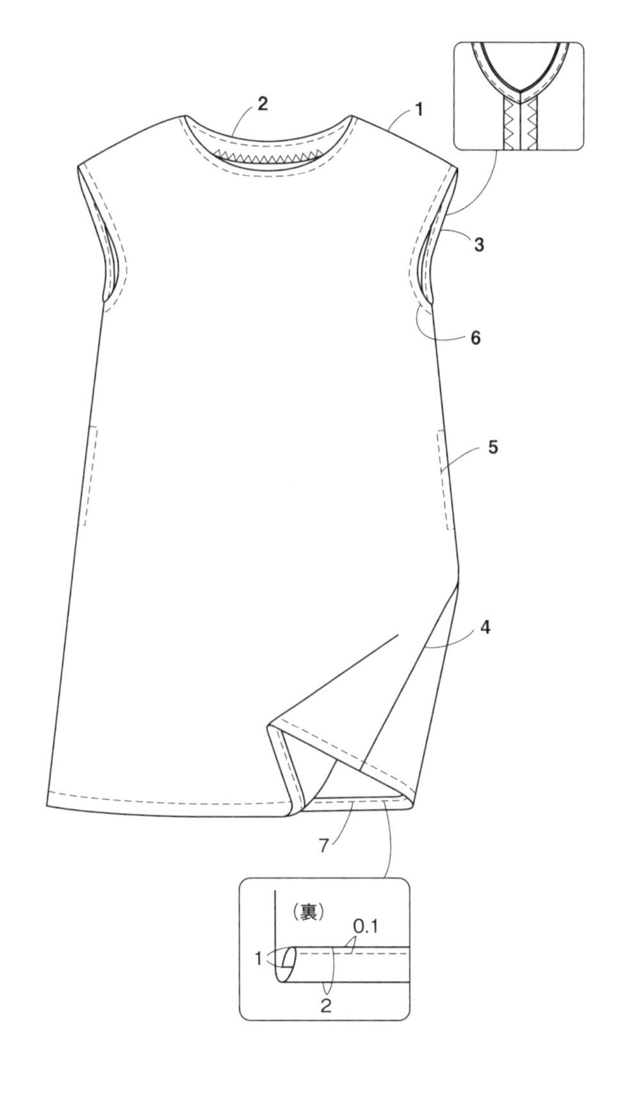

5

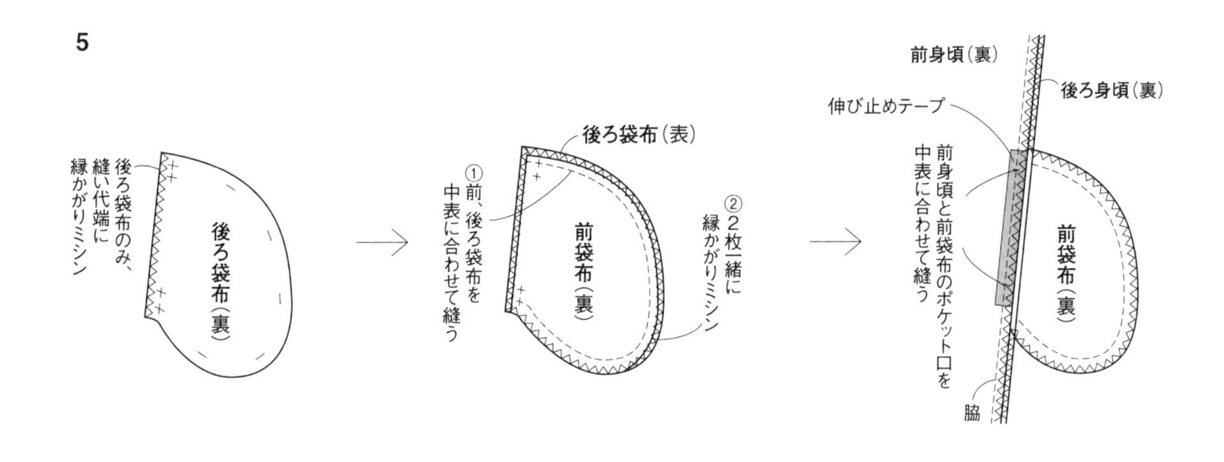
後ろ袋布のみ、縫い代端に縁かがりミシン
後ろ袋布（裏）
後ろ袋布（表）
①前、後ろ袋布を中表に合わせて縫う
前袋布（裏）
②2枚一緒に縁かがりミシン
前身頃（裏）
後ろ身頃（裏）
伸び止めテープ
前身頃と前袋布のポケット口を中表に合わせて縫う
前袋布（裏）
脇

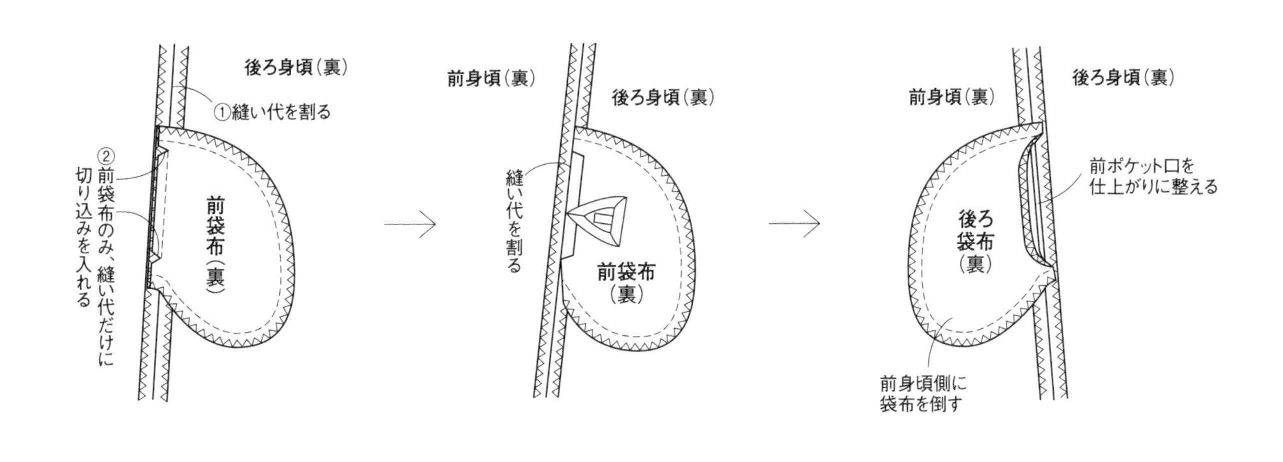
後ろ身頃（裏）
①縫い代を割る
②前袋布のみ、縫い代だけに切り込みを入れる
前袋布（裏）
前身頃（裏）
後ろ身頃（裏）
縫い代を割る
前袋布（裏）
前身頃（裏）
後ろ身頃（裏）
後ろ袋布（裏）
前ポケット口を仕上がりに整える
前身頃側に袋布を倒す

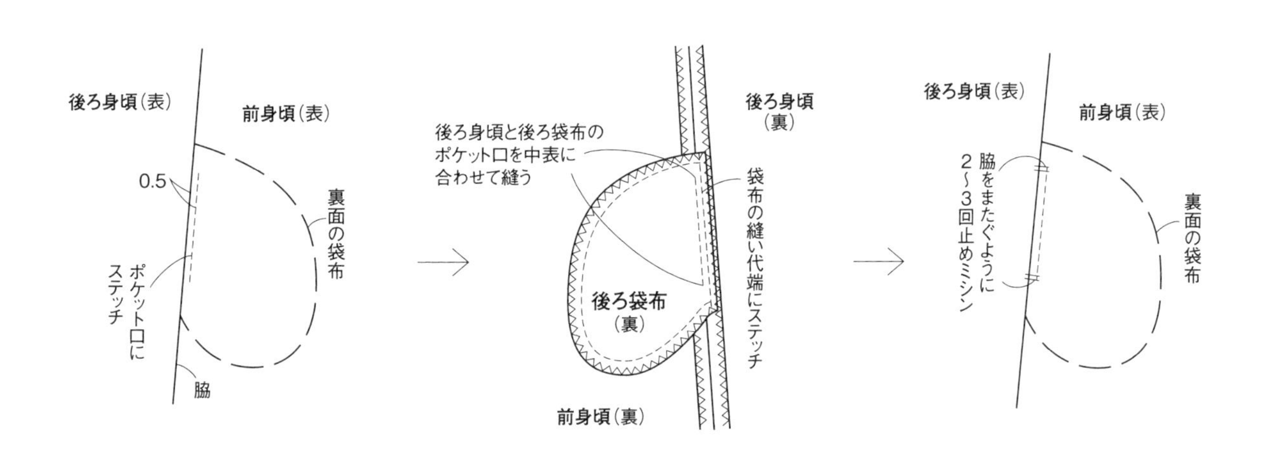
後ろ身頃（表）
前身頃（表）
0.5
裏面の袋布
ポケット口にステッチ
脇
後ろ身頃と後ろ袋布のポケット口を中表に合わせて縫う
後ろ身頃（裏）
袋布の縫い代端にステッチ
後ろ袋布（裏）
前身頃（裏）
後ろ身頃（表）
前身頃（表）
脇をまたぐように2～3回止めミシン
裏面の袋布

3 プレーン袖のワンピース ｜ Photo…P.6

□**材料**

布…リバティプリントタナローンLodden（FE色）110cm幅×290cm
接着芯…90cm幅×20cm（見返し分）

□**着丈**　約99cm

□**作り方**

［縫う前の準備］
・前、後ろ身頃は型紙裾C線を15cm延長する。
・見返しの裏に接着芯を貼る。
・見返しの端に縁かがりミシンをかける。

1 見頃と見返しの肩を縫う（P.29参照）。
2 身頃に見返しをつける（P.29参照）。
3 フリルを作り、前身頃につける。
4 身頃に袖をつける。
5 袖下から脇を続けて縫う。
6 袖口を三つ折りにして縫う。
7 裾を三つ折りにして縫う（P.31参照）。

裁ち合わせ図
＊□は接着芯を貼る
＊縫い代は指定以外1cm

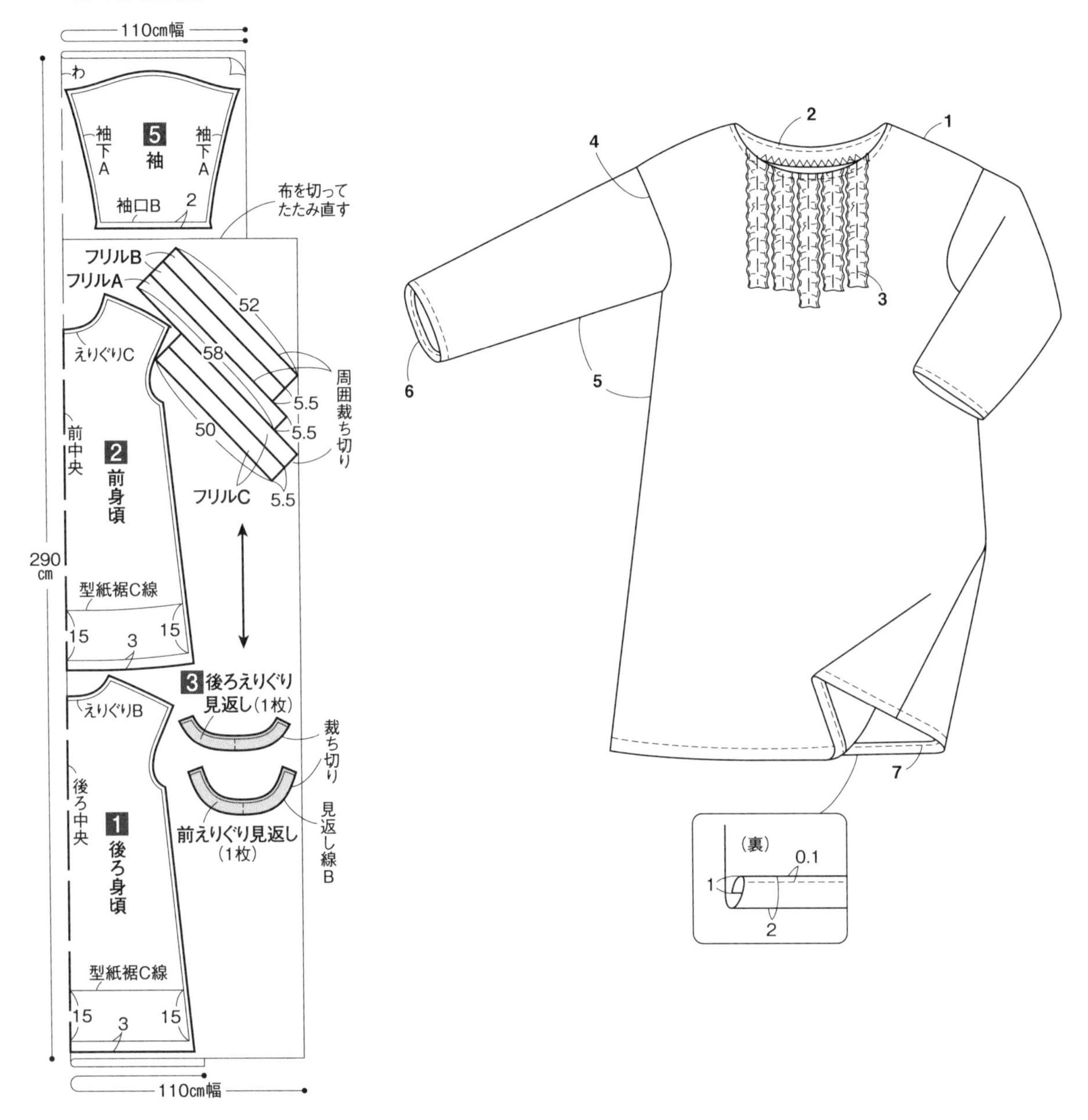

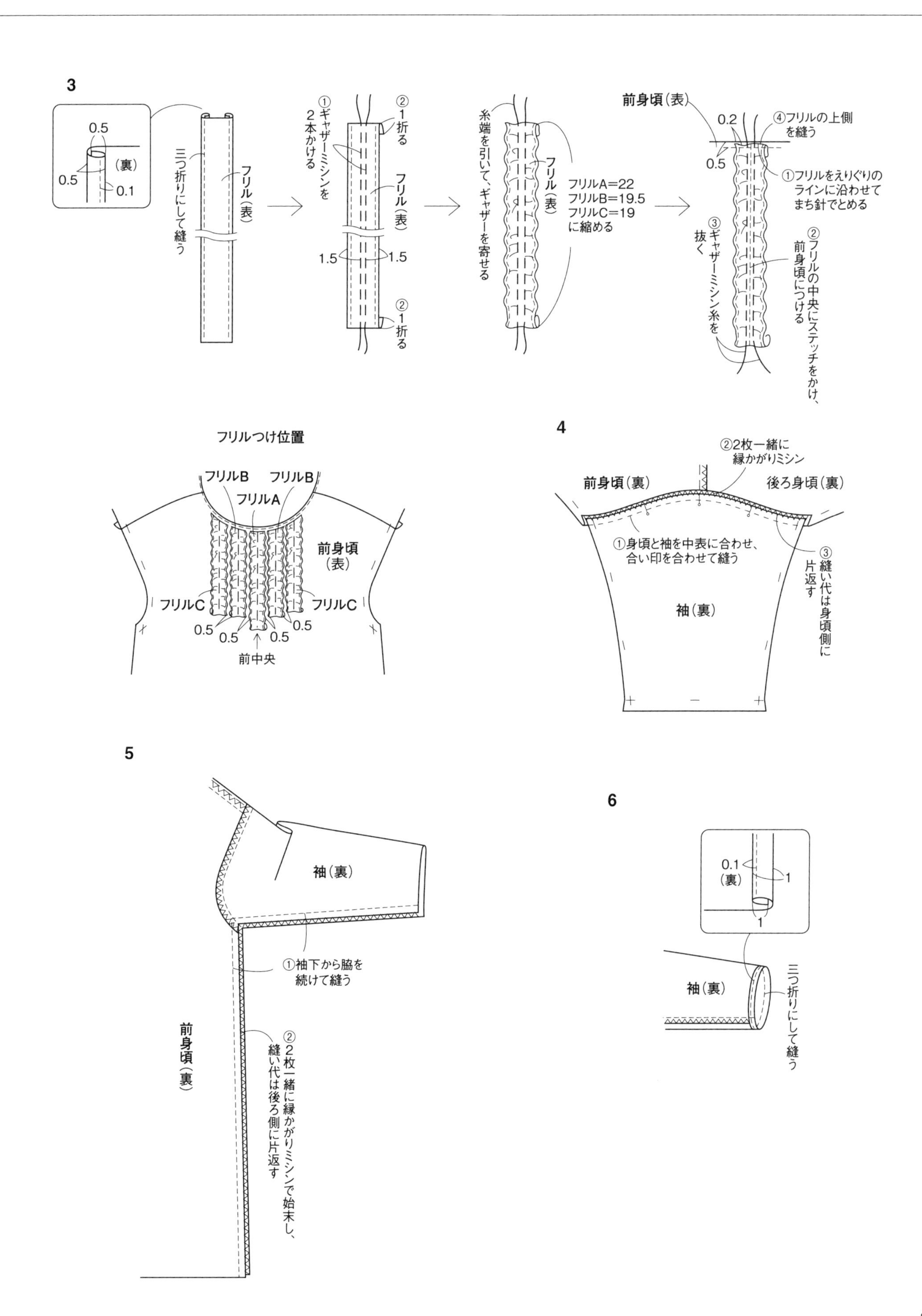
3
0.5
(裏)
0.5
0.1
三つ折りにして縫う
フリル(表)
①ギャザーミシンを2本かける
②1折る
フリル(表)
1.5
1.5
②1折る
糸端を引いて、ギャザーを寄せる
フリル(表)
フリルA=22
フリルB=19.5
フリルC=19
に縮める
前身頃(表)
0.2
④フリルの上側を縫う
0.5
①フリルをえりぐりのラインに沿わせてまち針でとめる
③ギャザーミシン糸を抜く
②フリルの中央にステッチをかけ、前身頃につける
フリルつけ位置
フリルB
フリルB
フリルA
前身頃
(表)
フリルC
フリルC
0.5
0.5
0.5
0.5
前中央
4
②2枚一緒に縁かがりミシン
前身頃(裏)
後ろ身頃(裏)
①身頃と袖を中表に合わせ、合い印を合わせて縫う
③縫い代は身頃側に片返す
袖(裏)
5
袖(裏)
①袖下から脇を続けて縫う
前身頃(裏)
②2枚一緒に縁かがりミシンで始末し、縫い代は後ろ側に片返す
6
0.1
(裏)
1
1
袖(裏)
三つ折りにして縫う

4 プレーン袖のブラウス ｜ Photo…P. 7

□**材料**

表布…リバティプリントタナローン Edenham (PE色) 110cm幅×180cm

□**着丈** 約54cm

□**作り方**

[縫う前の準備]

・裾フリルの製図を引いてパターンを作る。

1 裾フリルにギャザーを寄せて、身頃につける(P.39参照)。
2 身頃の肩を縫う (P.29参照)。
3 えりぐりを裏バイアス始末にする。
4 身頃に袖をつけ (P.45参照)、表からステッチをかける。
5 袖下から脇を続けて縫う (P.45参照)。
6 袖口を三つ折りにして縫う。
7 裾フリルの裾を三つ折りにして縫う。

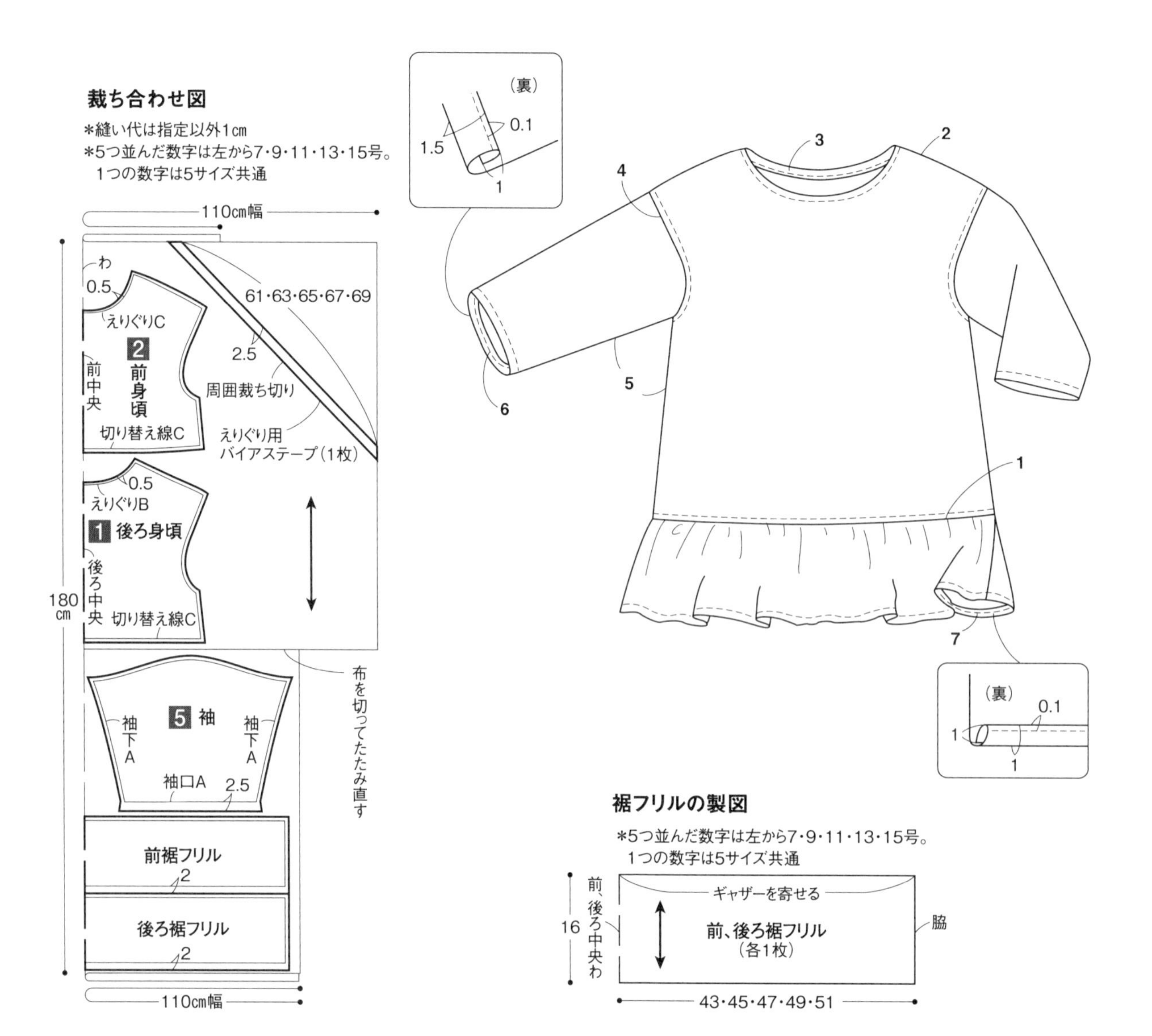

1

※ギャザーの寄せ方と身頃との縫い方は39ページ参照

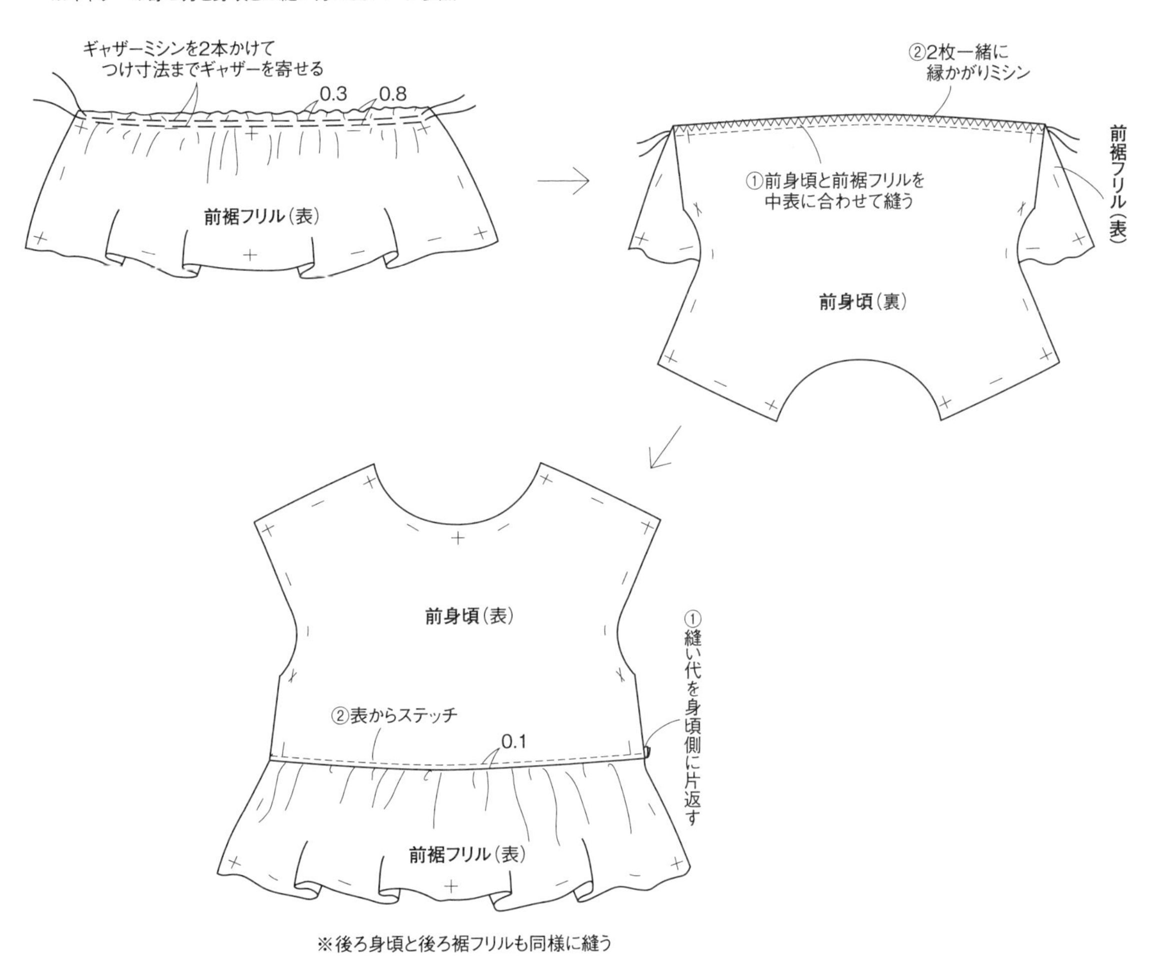

※後ろ身頃と後ろ裾フリルも同様に縫う

3

バイアステープ（裏）
1折る
0.5
1
左肩
バイアステープ（裏）
縫い代の余分を
カットし、1重ねる

後ろ身頃（表）
バイアステープ（裏）
0.5
①バイアステープを
作る（P.39参照）
③切り込み
②縫う
前身頃（表）

後ろ身頃（裏）
0.1
バイアステープ（表）
前身頃（裏）
バイアステープを
裏側に返し、ステッチ

5 ギャザー袖のブラウス ｜ Photo…P. 7

Photo…P. 7

□**材料**

表布…星の綿麻（グレイッシュピンク）110cm幅×190m　※プリント有効幅約105cm
ゴムテープ…2cm幅を7号 52cm・9号 54cm・11号 56cm・13号 58cm・15号 60cm

□**着丈**　約58.5cm

□**作り方**

［縫う前の準備］
・前身頃はギャザー分5cmを型紙前中央線から平行に出す。

1 前えりぐりにギャザーを寄せる。
2 身頃の肩を縫う（P.29参照）。
3 えりぐりをバイアステープでくるみ、始末する。
4 袖にギャザーを寄せ、身頃につける。
5 袖下から脇を続けて縫う（P.45参照）。
6 袖口を三つ折りにして縫い、ゴムテープを通す。
7 裾を三つ折りにして縫う（P.31参照）。

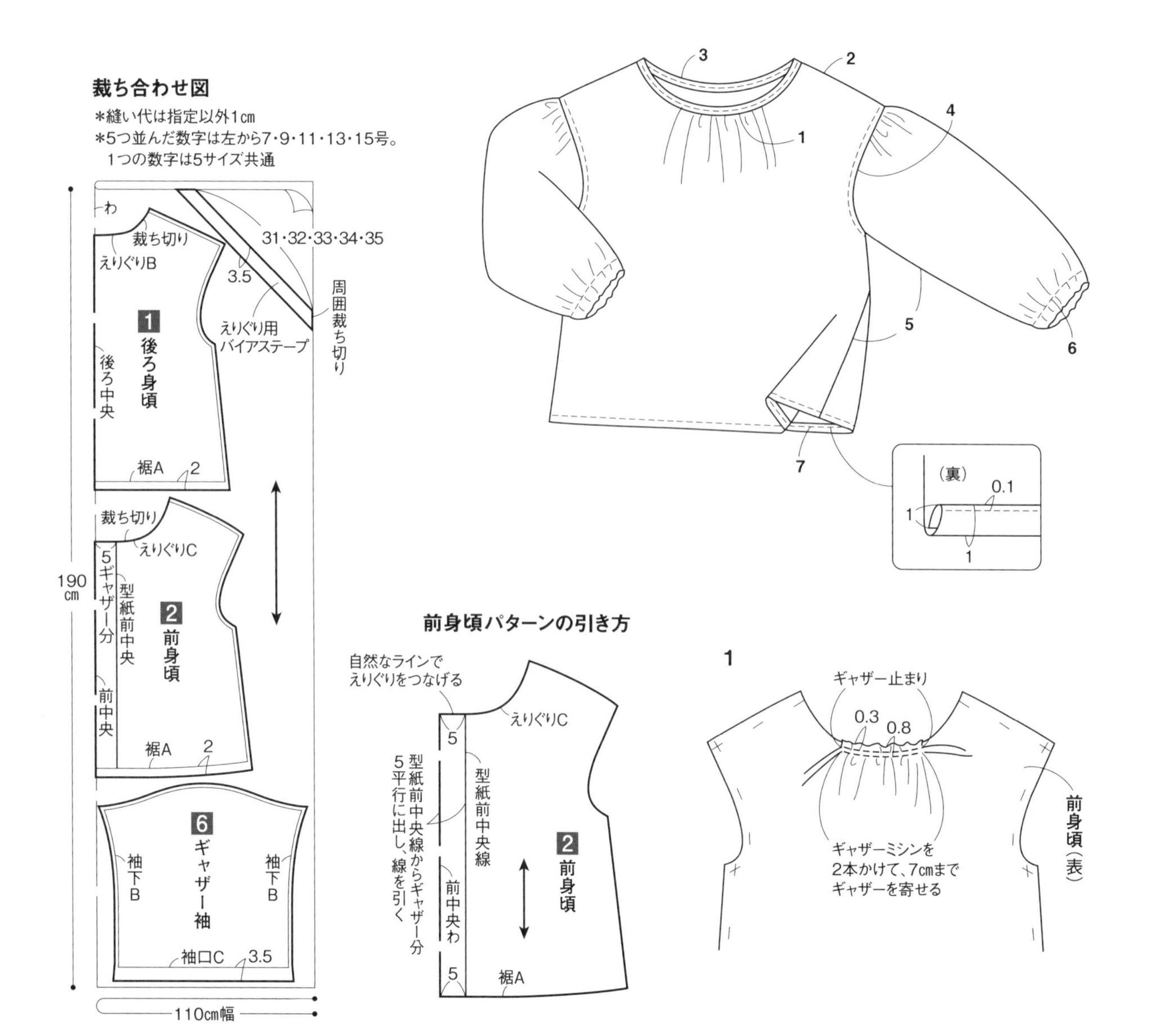

<お詫びと訂正>

48ページ「5 ギャザー袖のブラウス」の必要用尺と裁ち合わせ図に誤りがありました。
大変申し訳ございません。お詫びして訂正させていただきます。
正しい裁ち合わせ図と寸法は下記をご確認ください。

誤）表布…星の綿麻(グレイッシュピンク)110cm幅×190m
正）表布…星の綿麻(グレイッシュピンク)110cm幅×240cm

裁ち合わせ図

＊縫い代は指定以外1cm
＊5つ並んだ数字は左から7・9・11・13・15号。
1つの数字は5サイズ共通

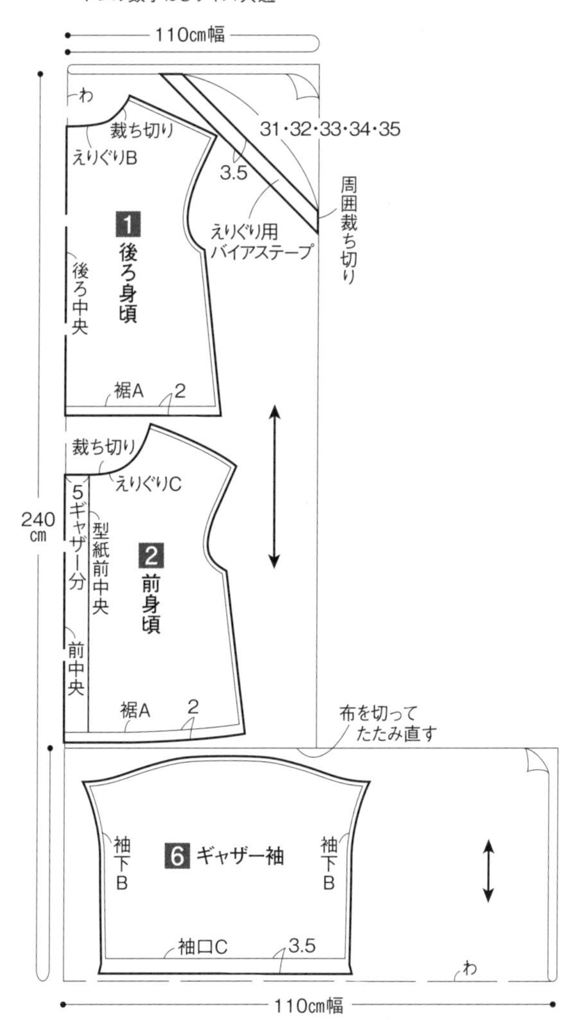

3

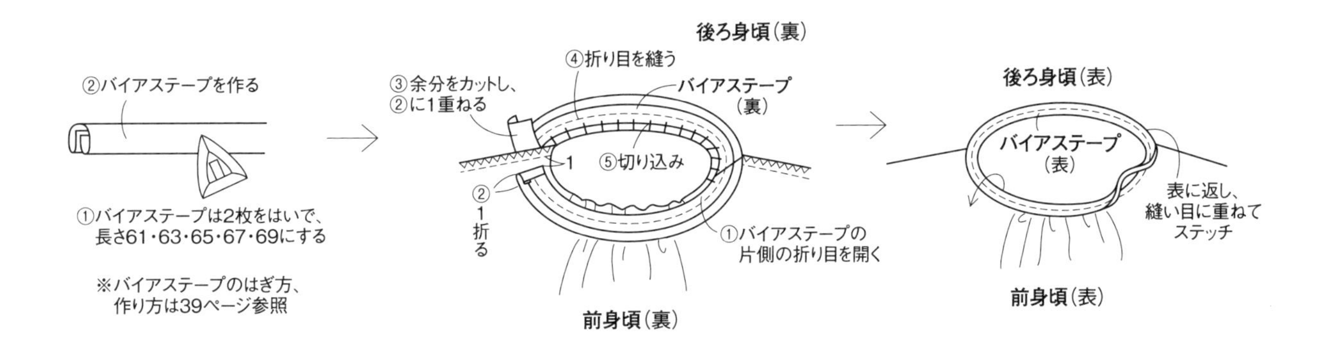
②バイアステープを作る
①バイアステープは2枚をはいで、
長さ61・63・65・67・69にする
※バイアステープのはぎ方、
作り方は39ページ参照
後ろ身頃(裏)
④折り目を縫う
③余分をカットし、
②に1重ねる
バイアステープ
(裏)
1
⑤切り込み
②1折る
①バイアステープの
片側の折り目を開く
前身頃(裏)
後ろ身頃(表)
バイアステープ
(表)
表に返し、
縫い目に重ねて
ステッチ
前身頃(表)

4

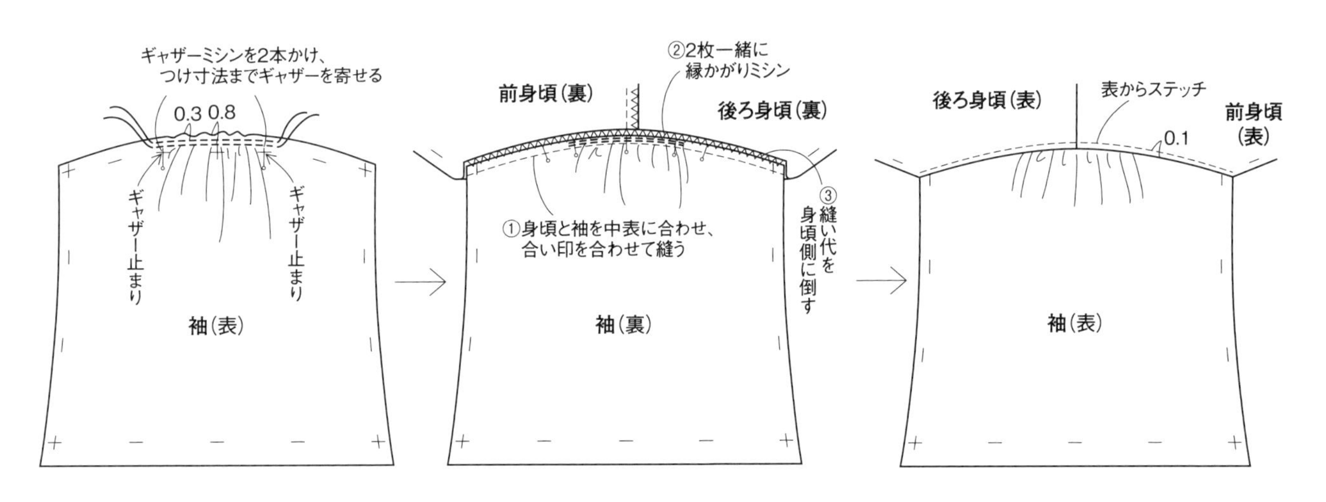
ギャザーミシンを2本かけ、
つけ寸法までギャザーを寄せる
0.3
0.8
ギャザー止まり
ギャザー止まり
袖(表)
②2枚一緒に
縁かがりミシン
前身頃(裏)
後ろ身頃(裏)
①身頃と袖を中表に合わせ、
合い印を合わせて縫う
③縫い代を身頃側に倒す
袖(裏)
後ろ身頃(表)
表からステッチ
0.1
前身頃
(表)
袖(表)

5

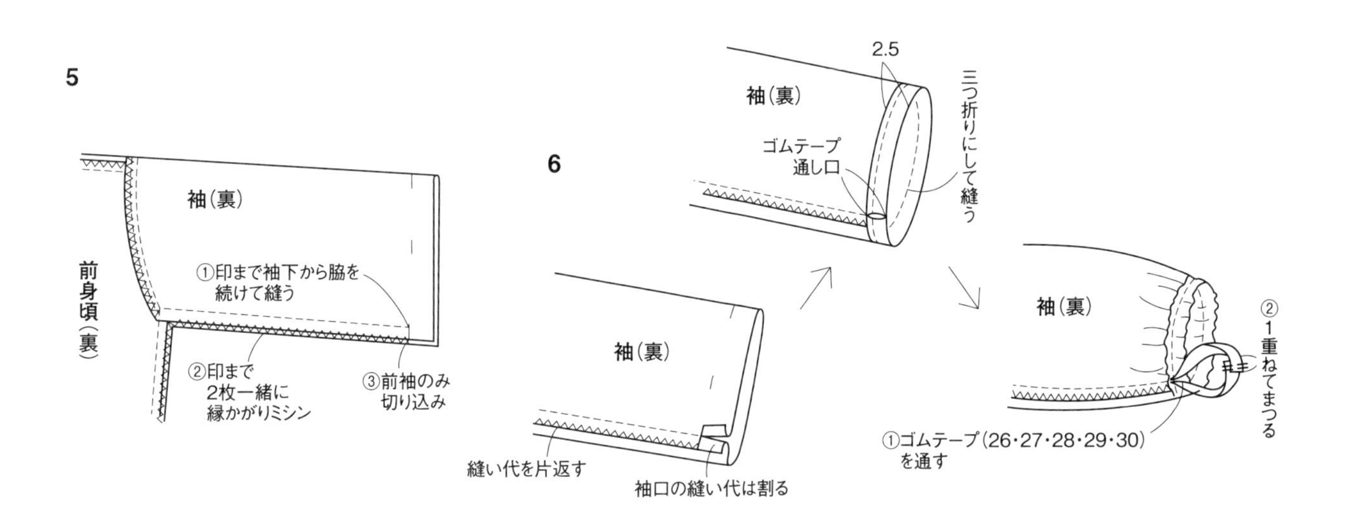
袖(裏)
前身頃(裏)
①印まで袖下から脇を
続けて縫う
②印まで
2枚一緒に
縁かがりミシン
③前袖のみ
切り込み
6
袖(裏)
縫い代を片返す
袖口の縫い代は割る
2.5
袖(裏)
三つ折りにして縫う
ゴムテープ
通し口
袖(裏)
②1重ねてまつる
①ゴムテープ(26・27・28・29・30)
を通す

6 Vネックのチェック柄ワンピース

Photo…P. 8

□**材料**

表布…リネングレンチェック(4) 120cm幅×330cm
接着芯…90cm幅×30cm(見返し分)
伸び止めテープ…1.5cm幅×約40cm(ポケット口分)
ゴムテープ…2cm幅を7号 52cm・9号 54cm・11号 56cm・13号 58cm・15号 60cm

□**着丈**　約104cm

□**作り方**

[縫う前の準備]
・前、後ろ身頃は型紙裾C線を15cm延長する。
・見返しの裏に接着芯、前身頃の裏のポケット口に伸び止めテープを貼る。
・見返しの端に縁かがりミシンをかける。

1 身頃と見返しの肩をそれぞれ縫う(P.29参照)。
2 身頃に見返しをつける(P.29参照)。
3 身頃にポケットをつける(P.30参照)。
4 袖にギャザーを寄せて、身頃につける(P.49参照)。
5 袖下から脇を続けて縫う(P.45参照)。
6 袖口を三つ折りにして縫い、ゴムテープを通す(P.49参照)。
7 裾を三つ折りにして縫う(P.31参照)。

裁ち合わせ図

＊□は接着芯、
□は伸び止めテープを貼る
＊縫い代は指定以外1cm

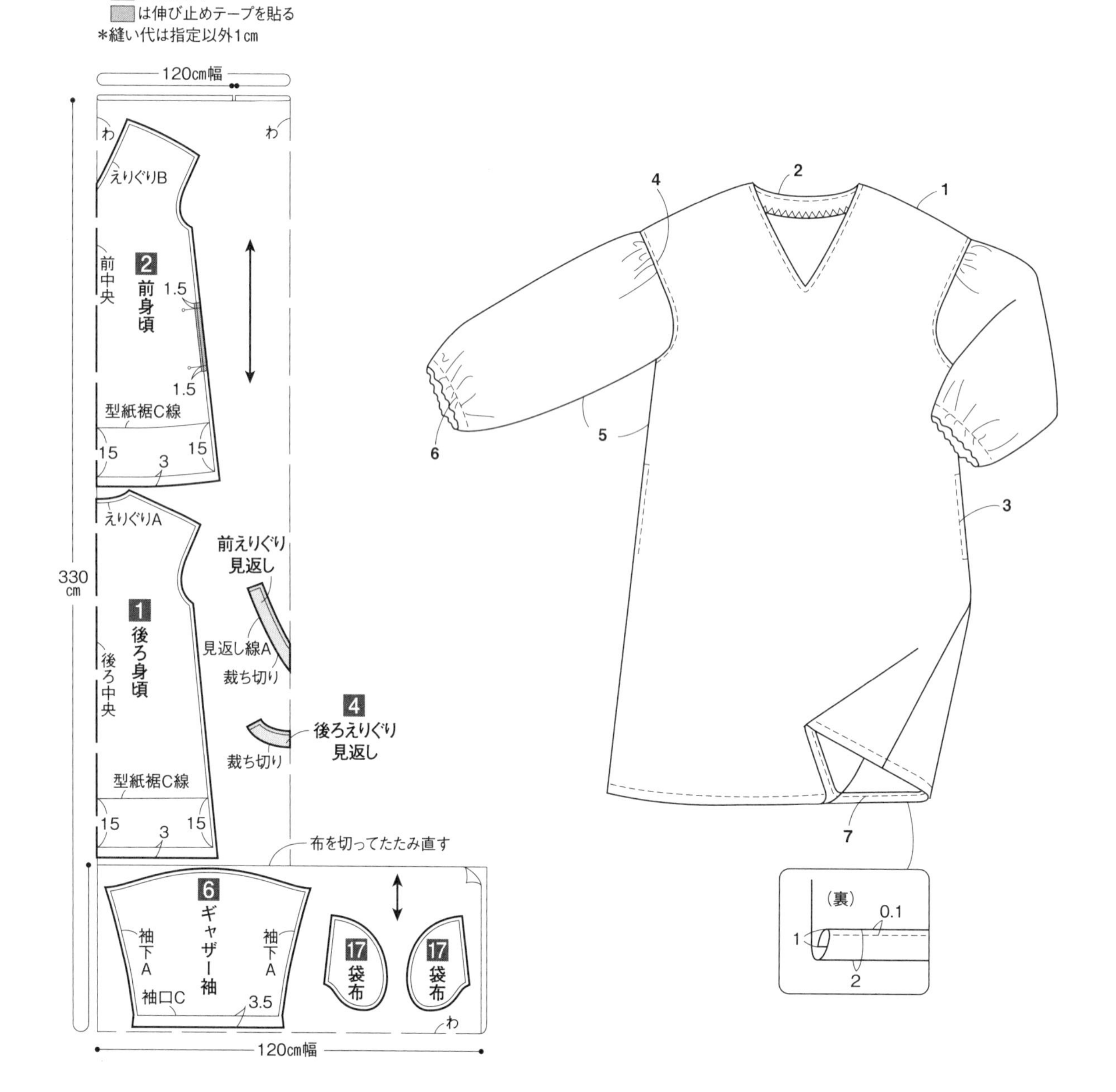

9 ウールのカーディガン ｜ Photo…P. 11

□材料

表布…ぽこぽこウールニット（メランジュパープル）140cm幅×160cm

※ミシン針はニット用、糸は伸縮性のあるニット用のミシン糸を使用する。

□**着丈** 約65.5cm

□作り方

1. 身頃の肩を縫う（P.29参照）。
2. 身頃のえりぐりを二つ折りにし、ジグザグミシンで縫う。
3. 身頃に袖をつける（P.45参照）。
4. 袖下から脇を続けて縫う（P.45参照）。
5. 袖口を二つ折りにし、ジグザグミシンで縫う。
6. 裾を二つ折りにし、ジグザグミシンで縫う。
7. 前端を二つ折りにし、ジグザグミシンで縫う。

裁ち合わせ図

＊縫い代は指定以外1cm

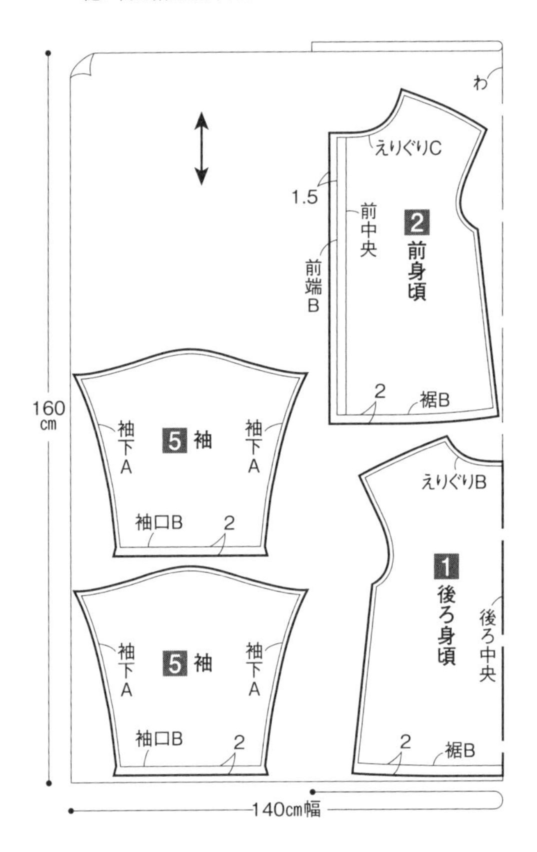

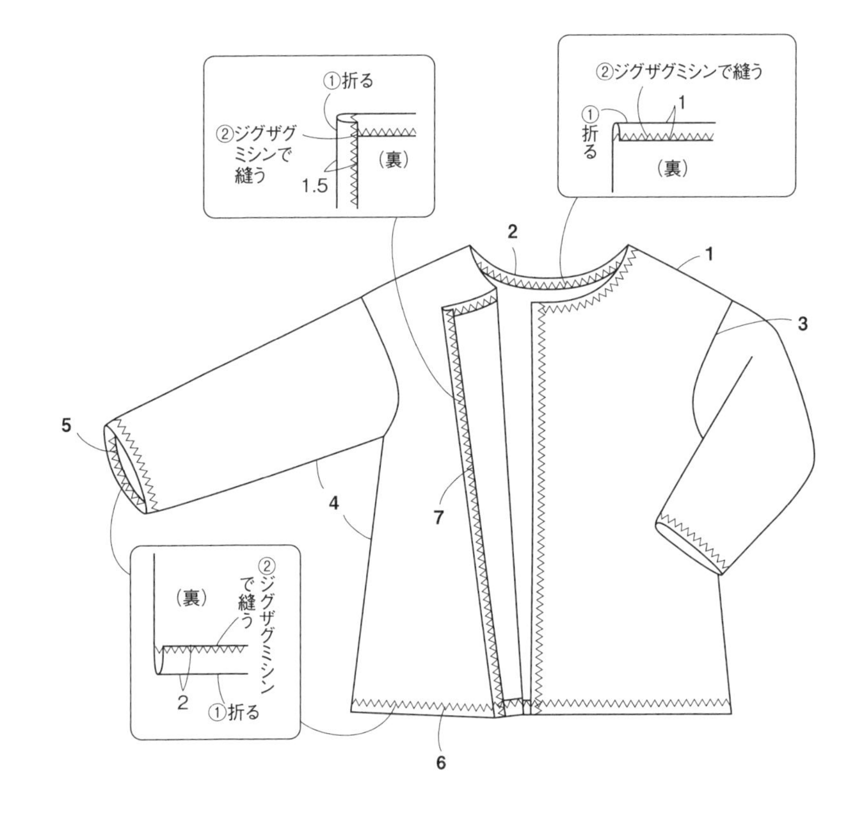

7 Vネックのダンガリーワンピース ｜ Photo…P. 9

□**材料**
表布…ダンガリー112cm幅×290cm
接着芯…90cm幅×30cm（見返し分）
伸び止めテープ…1.5cm幅×約40cm（ポケット口分）

□**着丈**　約104cm

□**作り方**
[縫う前の準備]
・前、後ろ身頃は型紙裾C線を15cm延長する。
・見返しの裏に接着芯、前身頃の裏のポケット口に伸び止めテープを貼る。
・見返しの端に縁かがりミシンをかける。

1 身頃と見返しの肩をそれぞれ縫う（P.29参照）。
2 身頃に見返しをつける（P.29参照）。
3 脇を縫う。
4 身頃にポケットをつける（P.30参照）。
5 袖下、袖口を三つ折りにして縫う。
6 身頃に袖をつける。
7 裾を三つ折りにして縫う（P.31参照）。

裁ち合わせ図
＊□は接着芯、□は伸び止めテープを貼る
＊縫い代は指定以外1cm

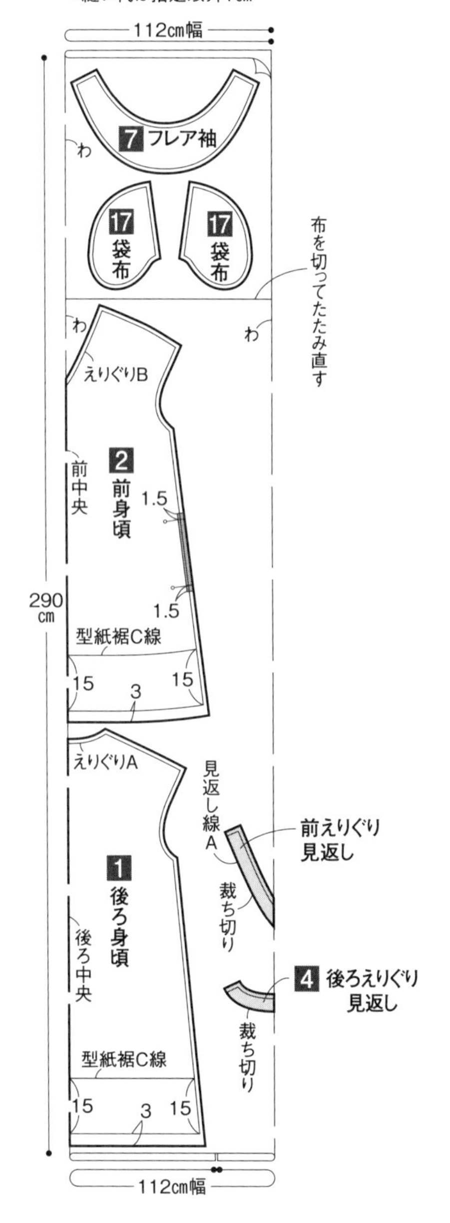

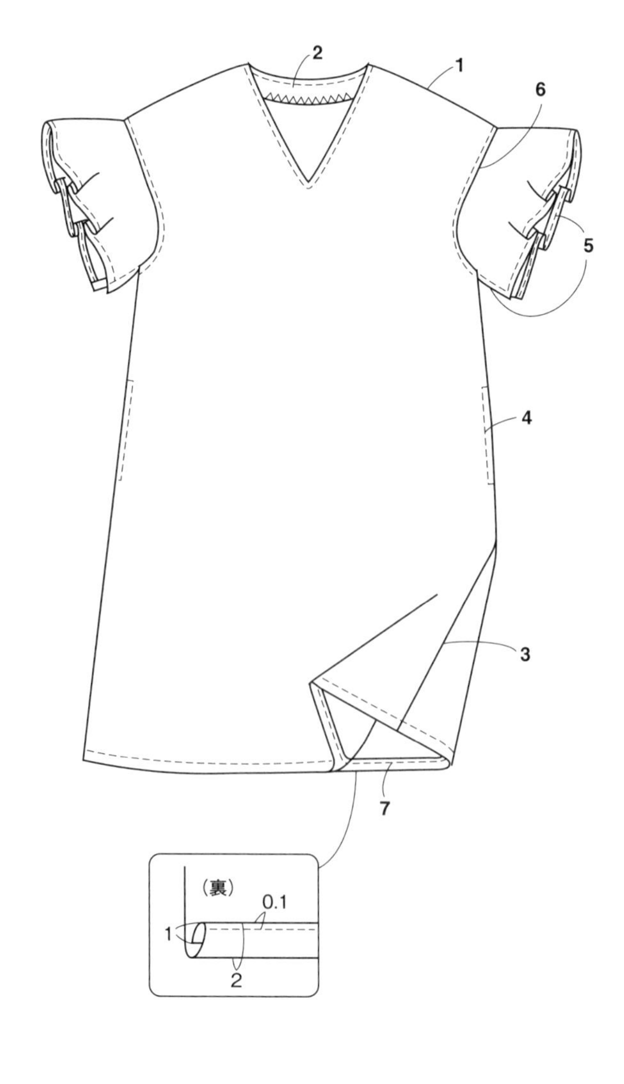

3・4

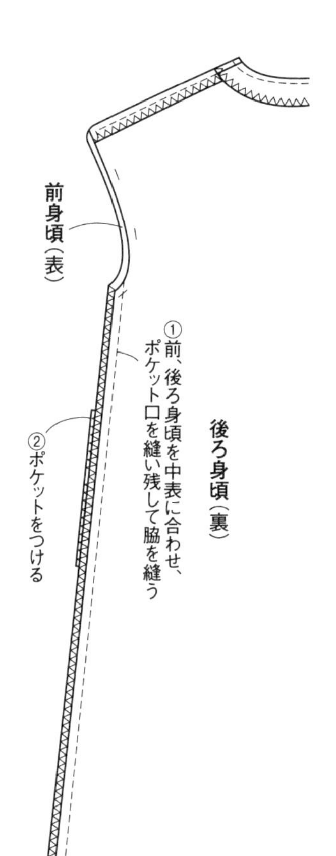
前身頃(表)
①前、後ろ身頃を中表に合わせ、ポケット口を縫い残して脇を縫う
②ポケットをつける
後ろ身頃(裏)

5

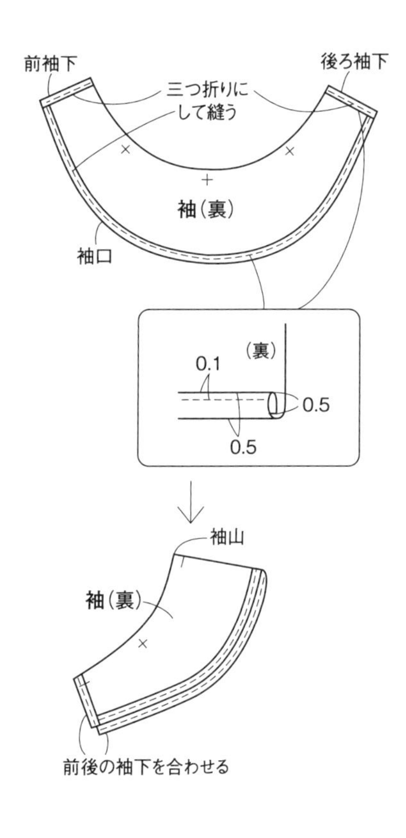
前袖下
後ろ袖下
三つ折りにして縫う
袖(裏)
袖口
(裏)
0.1
0.5
0.5
袖山
袖(裏)
前後の袖下を合わせる

6

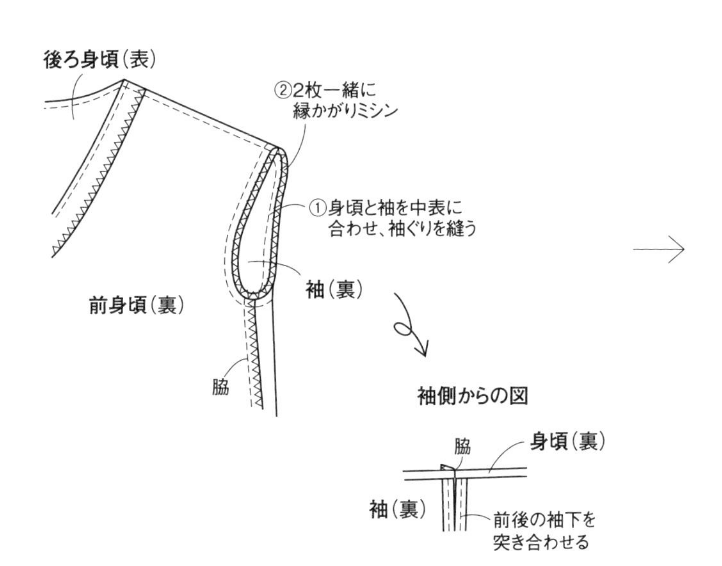
後ろ身頃(表)
②2枚一緒に縁かがりミシン
①身頃と袖を中表に合わせ、袖ぐりを縫う
前身頃(裏)
袖(裏)
脇
袖側からの図
脇
身頃(裏)
袖(裏)
前後の袖下を突き合わせる

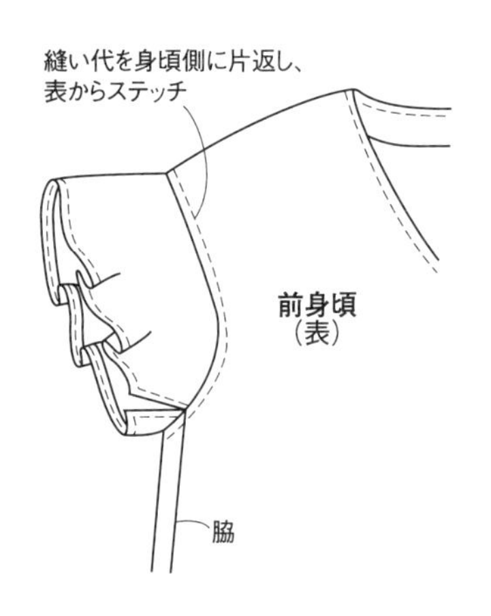
縫い代を身頃側に片返し、表からステッチ
前身頃(表)
脇

□**材料**
表布…幅広コットンデニム145cm幅×230cm
接着芯…90cm幅×10cm（見返し分）

□**着丈** 約104cm

□**作り方**
［縫う前の準備］
・前身頃のえりぐりを前端Aまで延長する。
・前、後ろ身頃は型紙裾C線を15cm延長する。
・後ろえりぐり見返しの裏に接着芯を貼る。
・後ろえりぐり見返しの端、身頃の肩、脇に縁かがりミシンをかける。

1 ポケットを作り、身頃につける。
2 前えりぐりを三つ折りにして縫う。
3 身頃の肩を縫う。
4 後ろ身頃に後ろえりぐり見返しをつける。
5 身頃に袖をつける（P.59参照）。
6 裾を三つ折りにして縫う。
7 袖下から脇を続けて縫い、スリットを三つ折りにして縫う。
8 袖口を三つ折りにして縫う。
9 前端を三つ折りにして縫う。

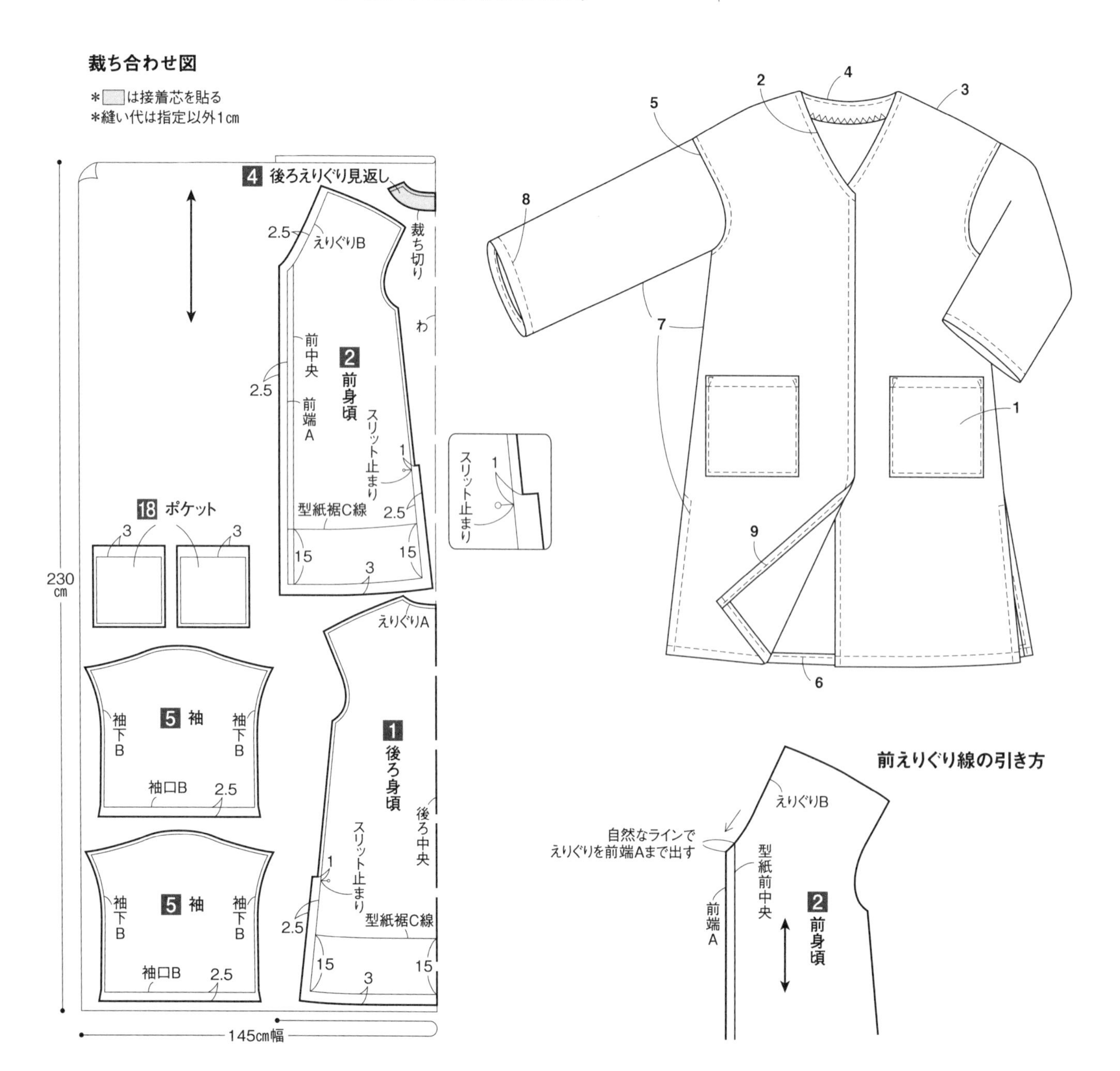

1

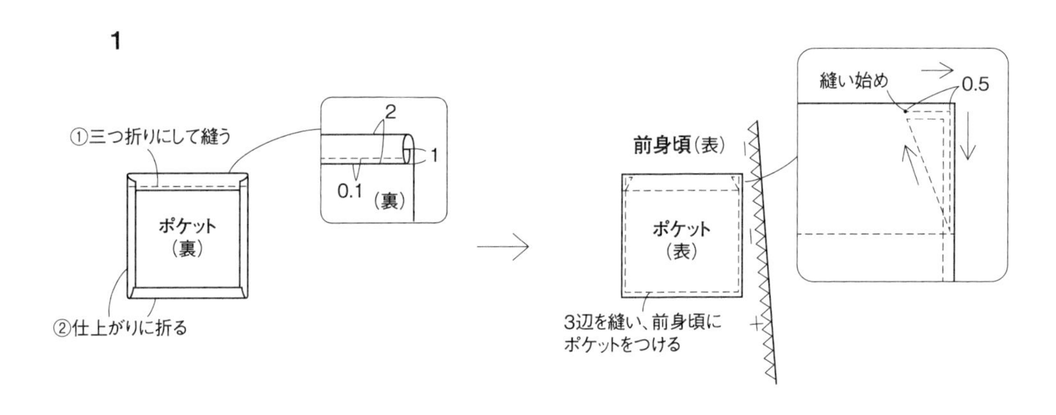

①三つ折りにして縫う
2
1
0.1
（裏）
ポケット
（裏）
②仕上がりに折る
前身頃（表）
ポケット
（表）
3辺を縫い、前身頃に
ポケットをつける
縫い始め
0.5

2

3

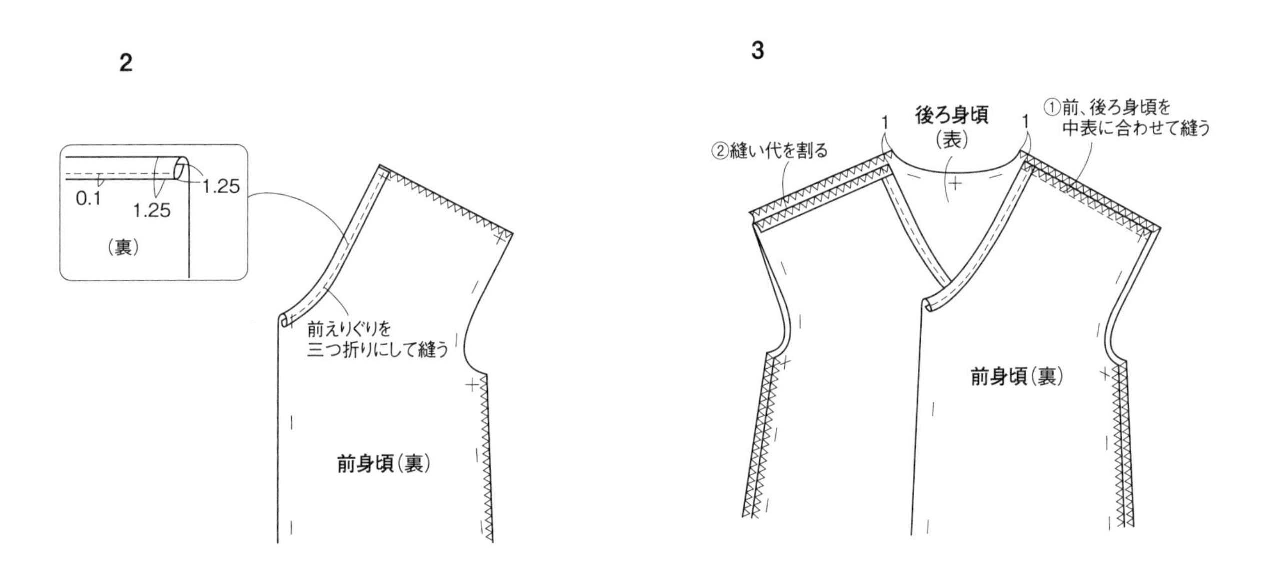

1.25
0.1
1.25
（裏）
前えりぐりを
三つ折りにして縫う
前身頃（裏）
後ろ身頃
（表）
1
1
②縫い代を割る
①前、後ろ身頃を
中表に合わせて縫う
前身頃（裏）

4

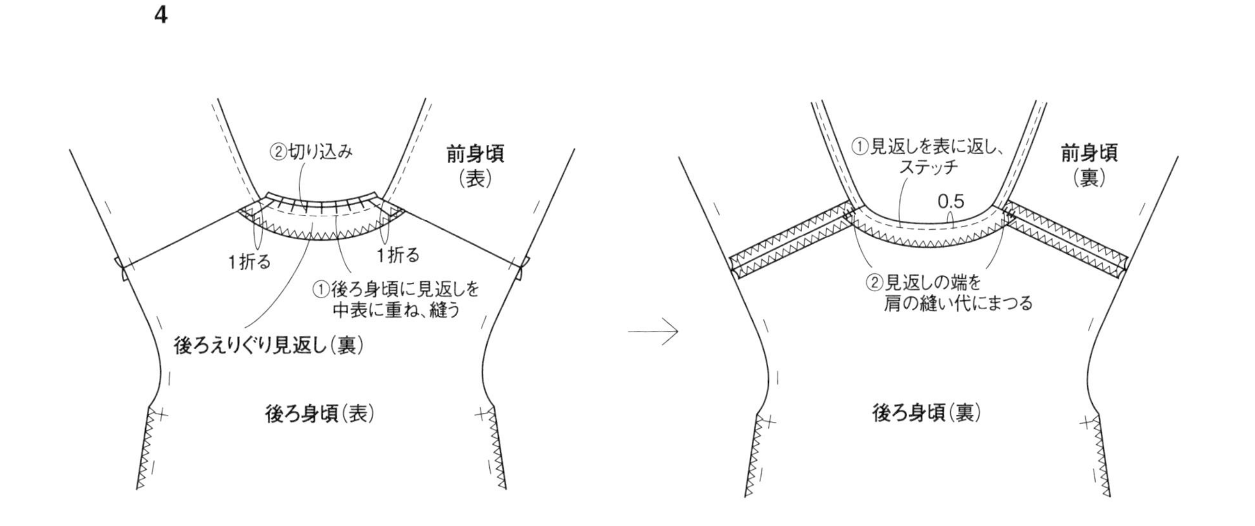

②切り込み
前身頃
（表）
1折る
1折る
①後ろ身頃に見返しを
中表に重ね、縫う
後ろえりぐり見返し（裏）
後ろ身頃（表）
①見返しを表に返し、
ステッチ
前身頃
（裏）
0.5
②見返しの端を
肩の縫い代にまつる
後ろ身頃（裏）

6・7

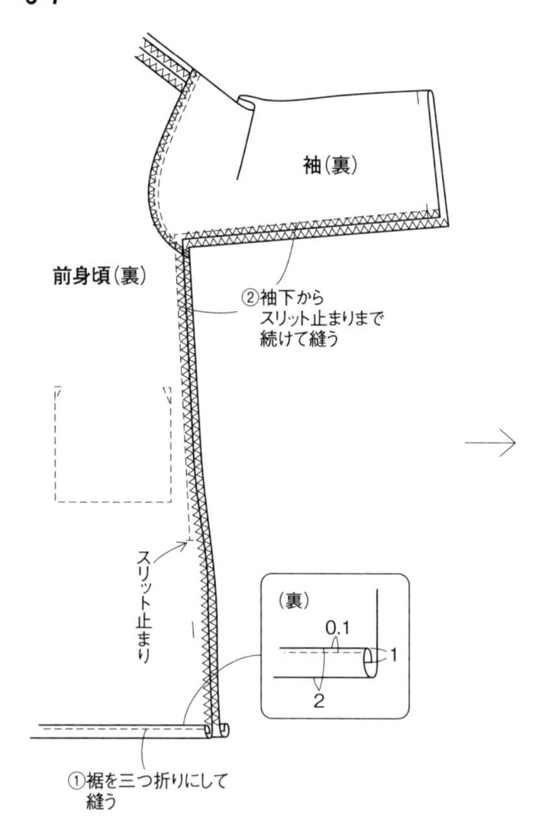
袖(裏)
前身頃(裏)
②袖下から
スリット止まりまで
続けて縫う
スリット止まり
(裏)
0.1
1
2
①裾を三つ折りにして
縫う

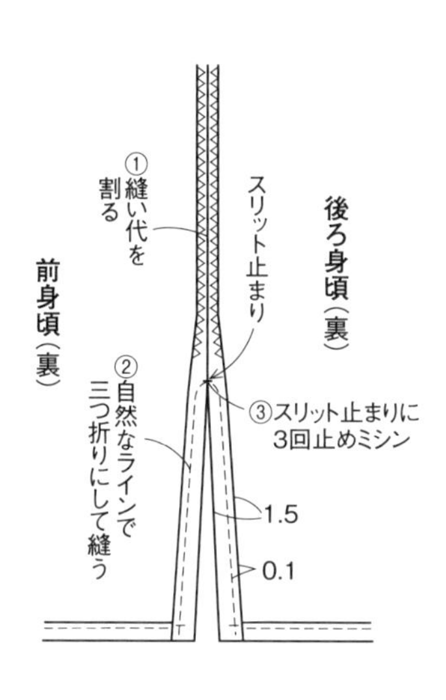
①縫い代を割る
スリット止まり
後ろ身頃(裏)
前身頃(裏)
②自然なラインで三つ折りにして縫う
③スリット止まりに
3回止めミシン
1.5
0.1

8

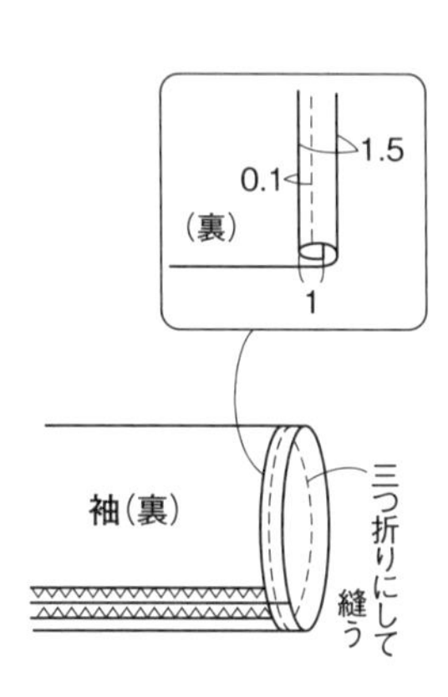
1.5
0.1
(裏)
1
袖(裏)
三つ折りにして縫う

9

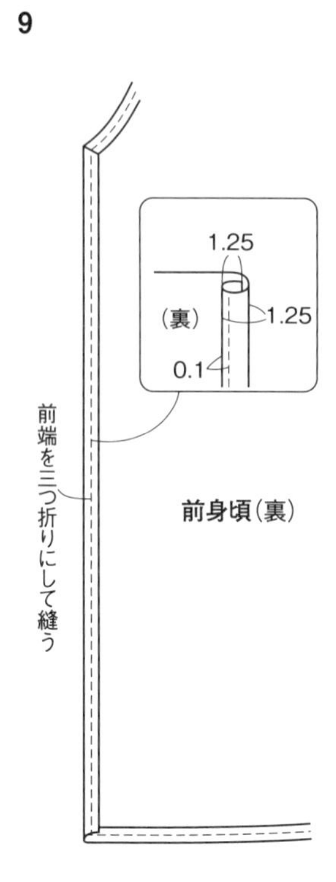
1.25
(裏)
1.25
0.1
前端を三つ折りにして縫う
前身頃(裏)

11 カシュクールコート ｜ Photo…P. 12

□**材料**

表布…リネンのartisan（アルチザン）（ネイビーブラック）110cm幅×350cm
接着芯…90cm幅×10cm（見返し分）

□**着丈**　約104cm

□**作り方**

［縫う前の準備］

・前身頃は型紙前中央線から14cm平行に出して前端線を引き、えりぐりを自然なラインでつなげる。
・裾は裾C線から15cm平行に延長して引く。
・後ろえりぐり見返しの裏に接着芯を貼る。
・後ろえりぐり見返しの端に縁かがりミシンをかける。

1 ポケットを作り、身頃につける（P.55参照）。
2 前えりぐりを三つ折りにして縫う。
3 身頃の肩を縫う。
4 後ろ身頃に後ろえりぐり見返しをつける。
5 身頃に袖をつける。
6 ひもを作る。
7 ひもを挟み、袖下から脇を続けて縫う。
8 袖口を三つ折りにして縫う。
9 身頃の裾を三つ折りにして縫う（P.56参照）。
10 ひもを挟み、前端を三つ折りにして縫う。

裁ち合わせ図
＊□は接着芯を貼る
＊縫い代は指定以外1cm

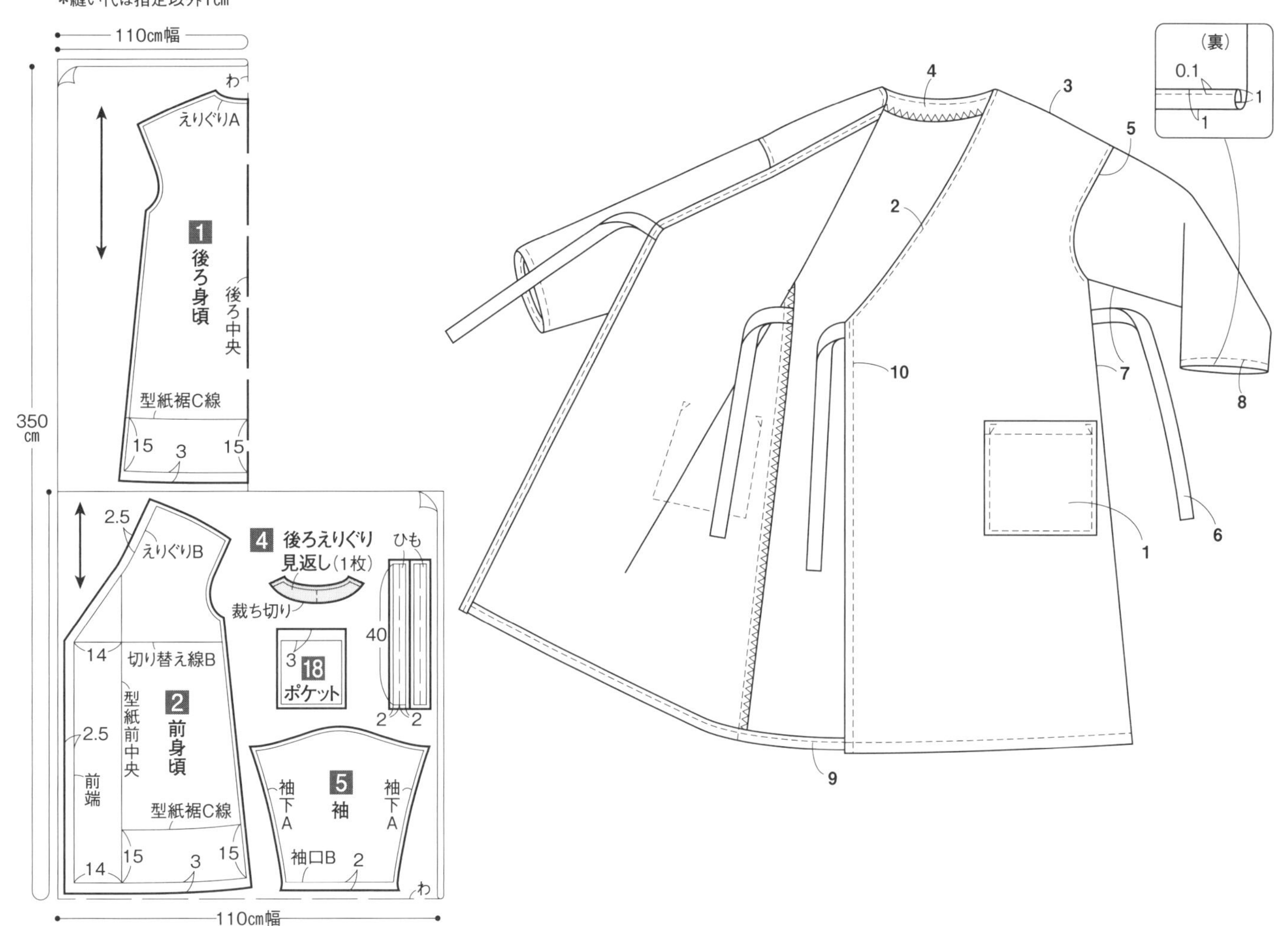

前身頃パターンの引き方

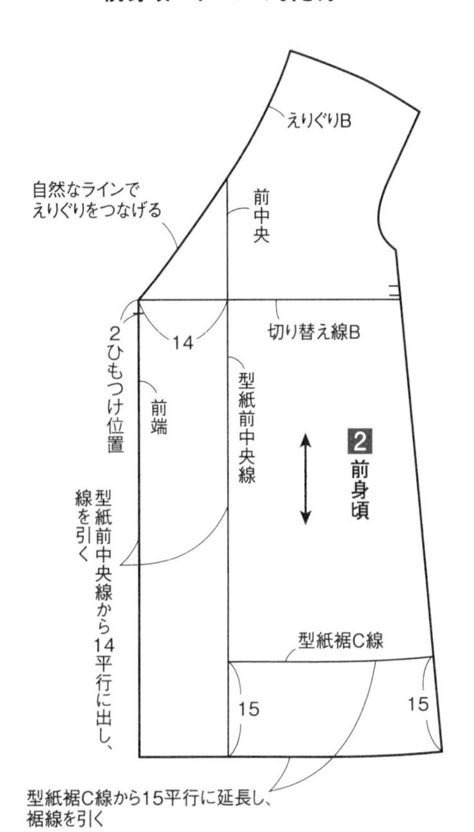

2

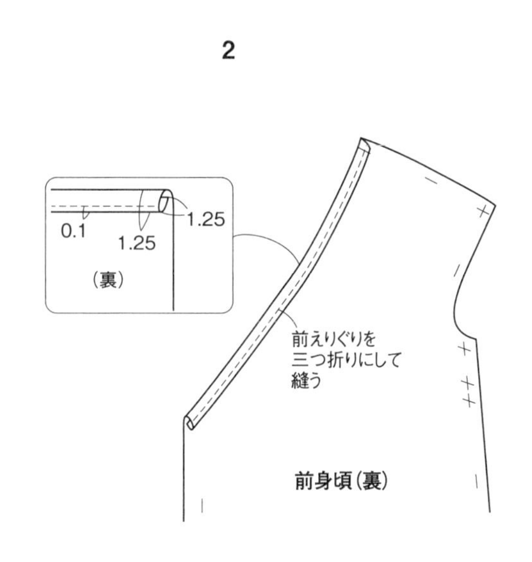

3

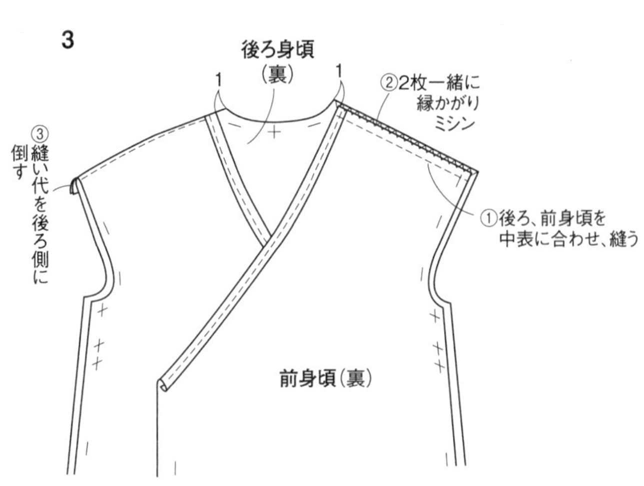

4

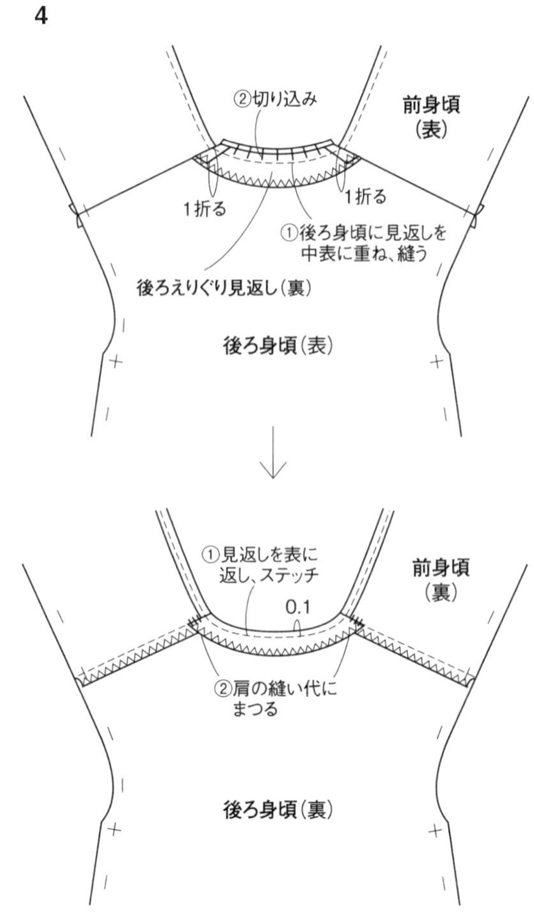

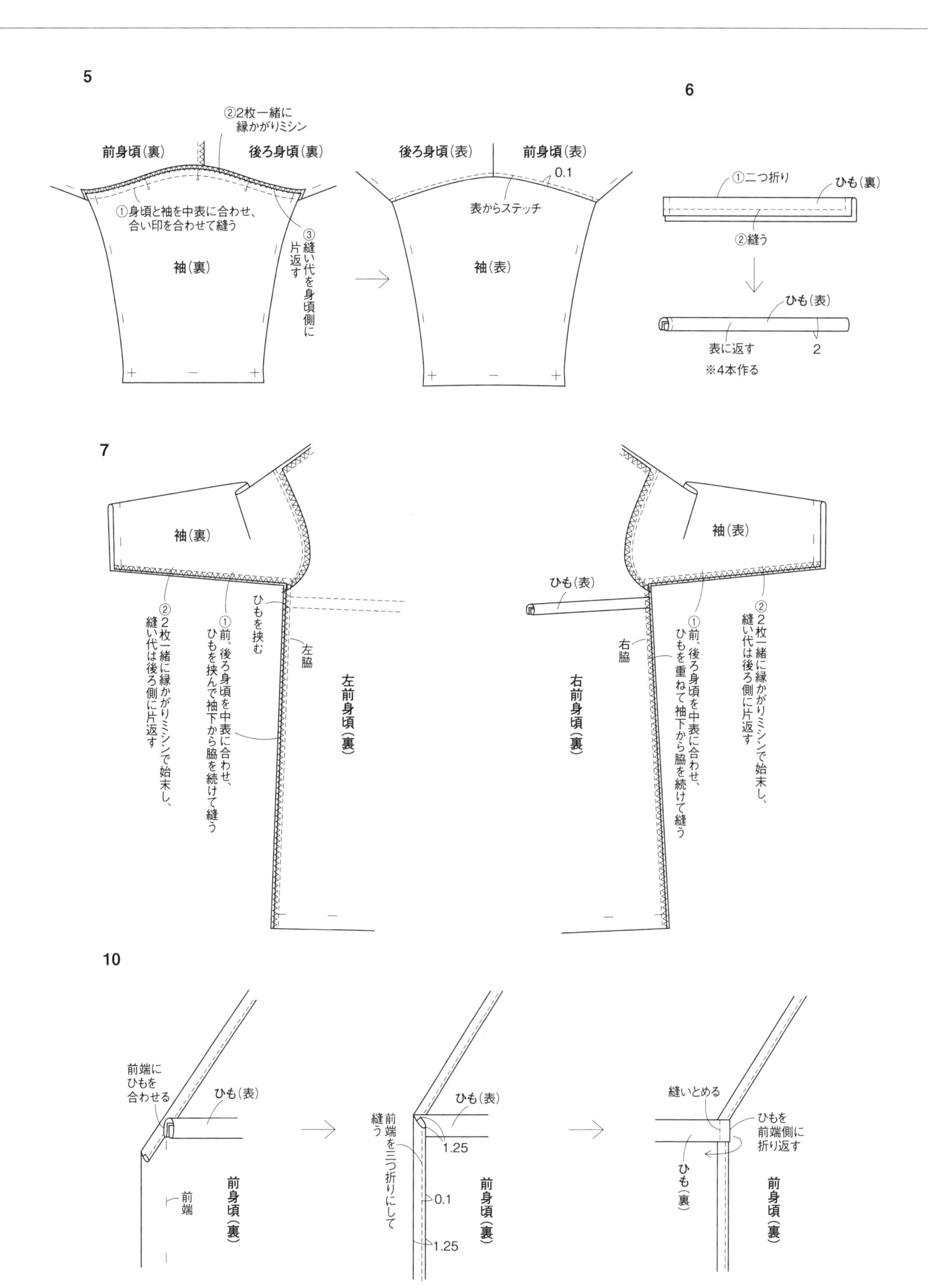
5
②2枚一緒に
縁かがりミシン
前身頃(裏)
後ろ身頃(裏)
①身頃と袖を中表に合わせ、
合い印を合わせて縫う
③縫い代を身頃側に
片返す
袖(裏)
後ろ身頃(表)
前身頃(表)
0.1
表からステッチ
袖(表)
6
①二つ折り
ひも(裏)
②縫う
ひも(表)
表に返す
2
※4本作る
7
袖(裏)
②2枚一緒に縁かがりミシンで始末し、
縫い代は後ろ側に片返す
①前、後ろ身頃を中表に合わせ、
ひもを挟んで袖下から脇を続けて縫う
ひもを挟む
左脇
左前身頃(裏)
袖(表)
ひも(表)
右脇
①前、後ろ身頃を中表に合わせ、
ひもを重ねて袖下から脇を続けて縫う
②2枚一緒に縁かがりミシンで始末し、
縫い代は後ろ側に片返す
右前身頃(裏)
10
前端に
ひもを
合わせる
ひも(表)
前端
前身頃(裏)
ひも(表)
前端を三つ折りにして
縫う
1.25
0.1
1.25
前身頃(裏)
縫いとめる
ひもを
前端側に
折り返す
ひも(裏)
前身頃(裏)

10 カシュクールブラウス ｜ Photo…P. 11

□**材料**

表布…やさしいリネン（あずきミルク）110cm幅×220cm
接着芯…90cm幅×10cm（見返し分）

□**着丈**　約58cm

□**作り方**

[縫う前の準備]

・裾フリルの製図を引いてパターンを作る。
・前身頃は型紙前中央線から切り替え線Bを14cm延長し、えりぐりを自然なラインでつなげて前端線を引く。
・後ろえりぐり見返しの裏に接着芯を貼る。
・後ろえりぐり見返しの端に縁かがりミシンをかける。

1. 前えりぐりを三つ折りにして縫う。
2. 身頃の肩を縫う（P.58参照）。
3. 後ろ身頃に後ろえりぐり見返しをつける（P.58参照）。
4. 身頃に袖をつける（P.49参照）。
5. ひもを作る（P.59参照）。
6. ひもを挟み、袖下から脇を続けて縫う（P.59参照）。
7. 袖口を三つ折りにして縫う（P.45参照）。
8. 裾フリルの脇を縫う。
9. 裾フリルの裾を三つ折りにして縫い、ギャザーを寄せる。
10. 裾フリルの前端にひもを挟み、三つ折りにして縫う。
11. 身頃に裾フリルをつける。

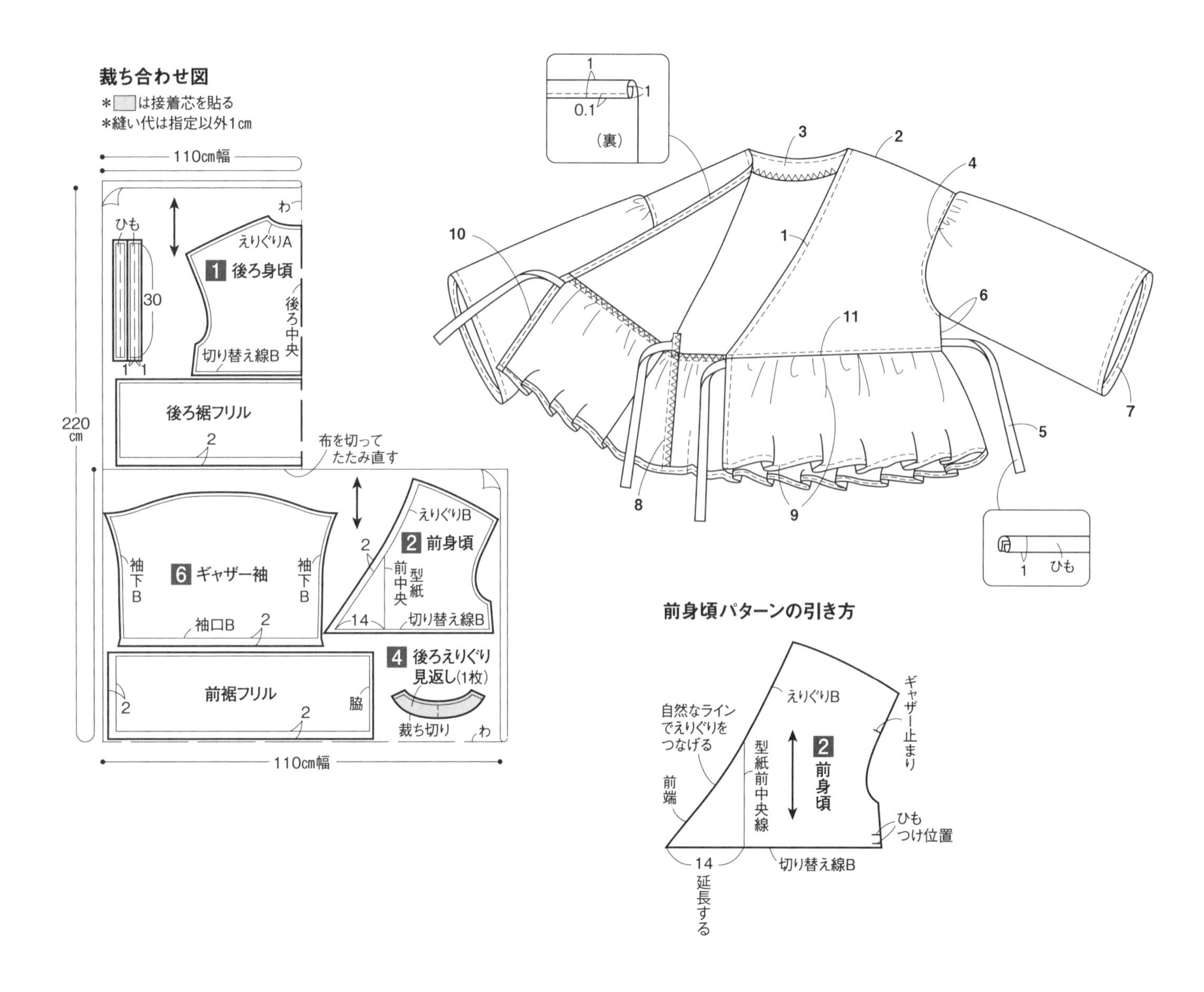

裾フリルの製図

＊5つ並んだ数字は左から7・9・11・13・15号。
1つの数字は5サイズ共通

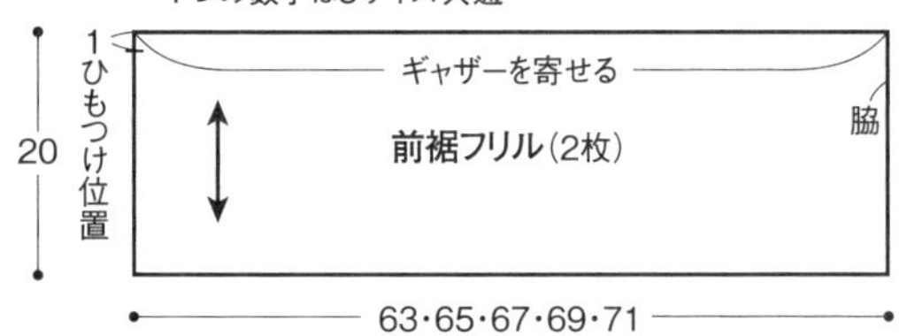

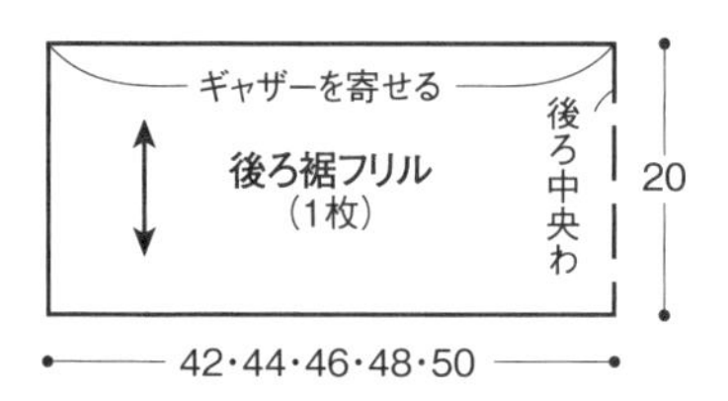

8

前裾フリル（表）

①後ろ裾フリルに前裾フリルを
それぞれ中表に合わせ、脇を縫う

②2枚一緒に縁かがりミシン

後ろ裾フリル（裏）

③縫い代を後ろ側に片返す

9

②ギャザーミシンを2本かけ、
つけ寸法まで
ギャザーを寄せる

後ろ裾フリル
（裏）

前裾フリル
（裏）

0.3
0.8

前裾フリル（表）

①裾を三つ折りにして
縫う

（裏）
0.1
1
1

10

1
ひも（表）
ひもを挟み、前端を三つ折りにして縫う
1
0.1
前裾フリル
（裏）

縫いとめる
ひも（裏）

前裾フリル
（裏）
ひも
（表）

11

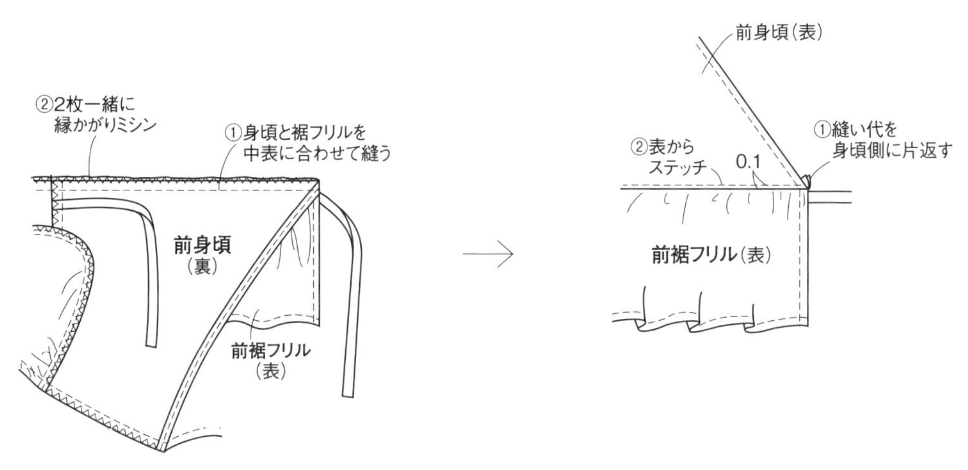

12 スラッシュあきのチュニック ｜ Photo…P. 14

□**材料**

表布…ピーチファイユ112cm幅×190cm

□**着丈**　約89cm

□**作り方**

[縫う前の準備]

・後ろ身頃はギャザー分8cmを型紙後ろ中央線から平行に出す。

・前身頃の前中央、脇に縁かがりミシンをかける（P.63の**4**参照）。

1　後ろ身頃にギャザーを寄せ、後ろヨークにつける（P.34参照）。

2　身頃の肩を縫う（P.34参照）。

3　身頃のえりぐりを裏バイアス始末にする。

4　身頃の前中央をあき止まりまで縫い、スラッシュあきを三つ折りにして縫う。

5　裾を三つ折りにして縫う。

6　袖ぐりを裏バイアス始末にし、ステッチをかける。

7　脇を縫い、スリットを三つ折りにして縫う（P.56参照）。

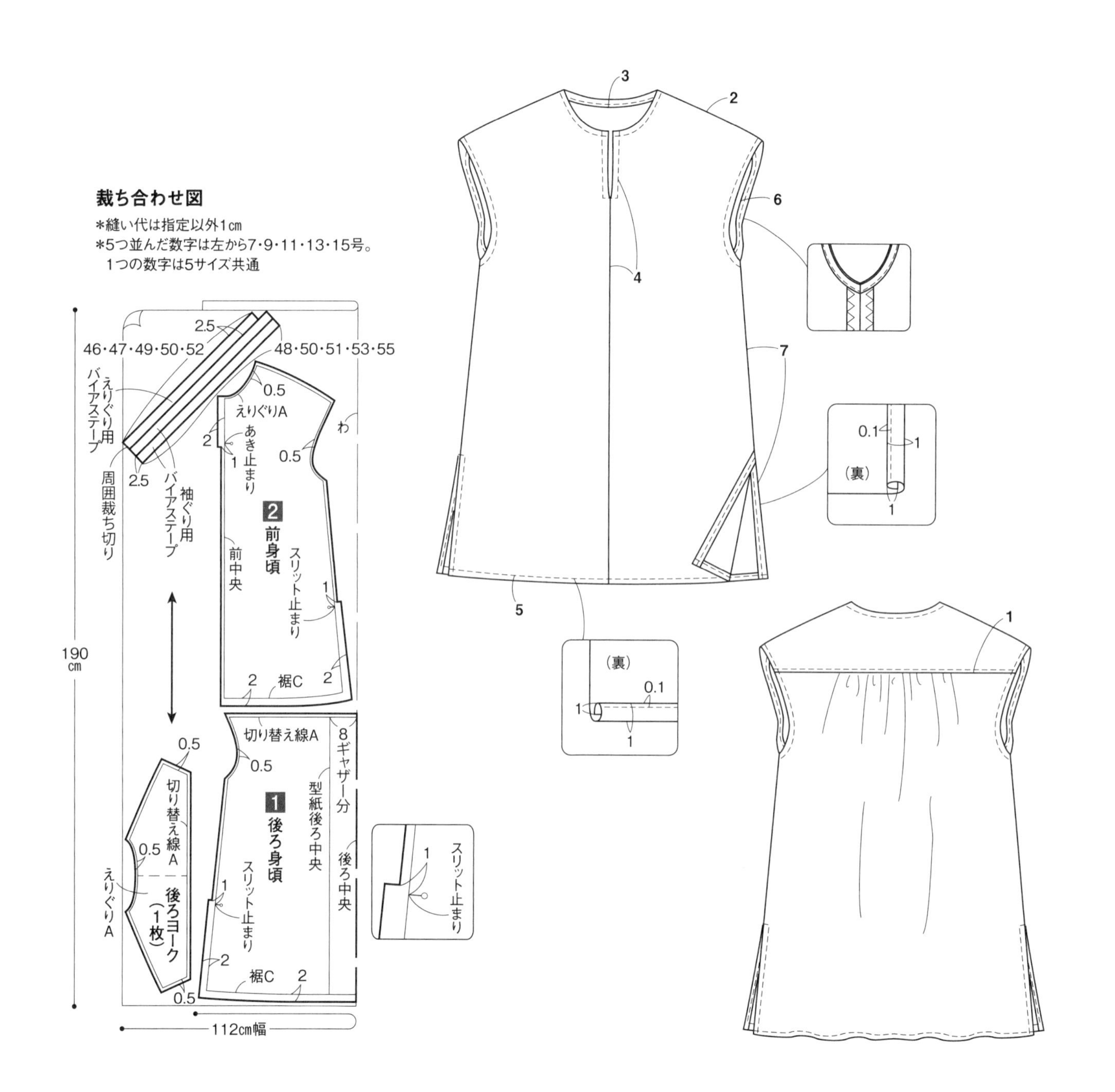

後ろ身頃パターンの引き方

切り替え線A
8
後ろ中央わ
1 後ろ身頃
型紙後ろ中央線
8 型紙後ろ中央線からギャザー分平行に出し、線を引く
スリット止まり
裾C
8

3

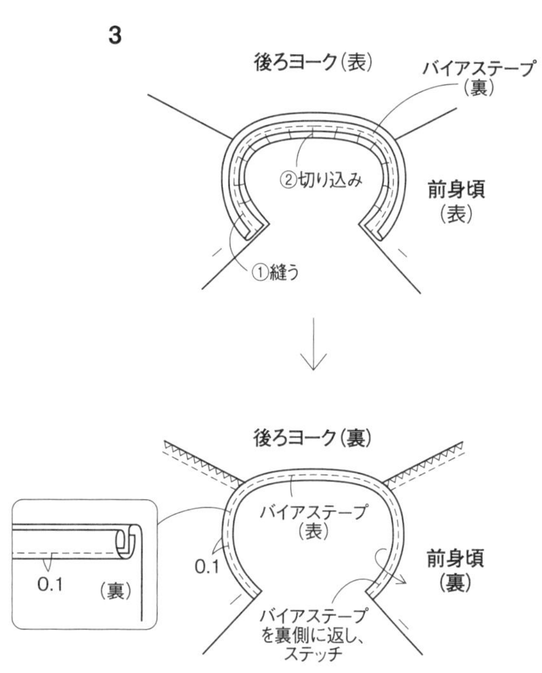

4

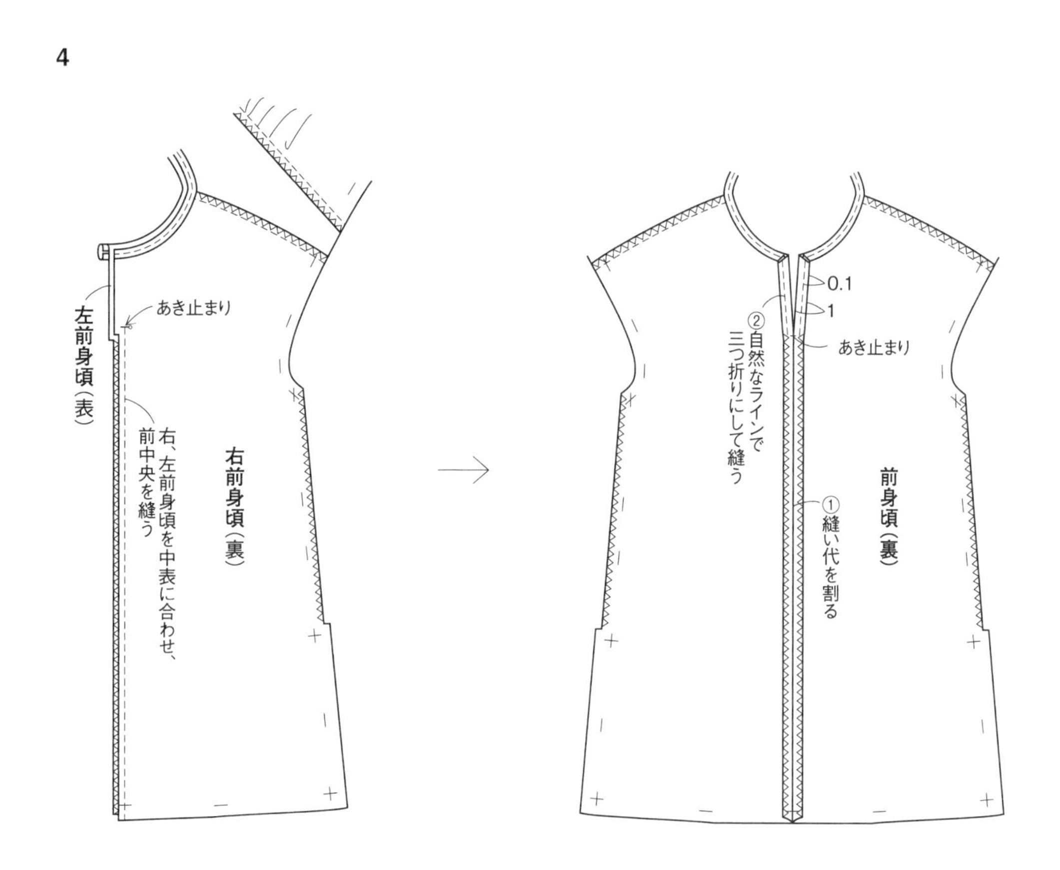

□**材料**

表布…daily80ローン（37）106cm幅×190cm

□**着丈**　約63cm

□**作り方**

［縫う前の準備］

・袖の製図を引いてパターンを作る。

・前身頃の前中央（P.63の**4**参照）と袖ぐり、袖山に縁かがりミシンをかける。

1　身頃の肩を縫う（P.29参照）。

2　身頃のえりぐりを裏バイアス始末にする（P.63参照）。

3　身頃の前中央をあき止まりまで縫い、スラッシュあきを三つ折りにして縫う（P.63参照）。

4　袖にギャザーを寄せ、身頃につける。

5　袖下から脇を続けて縫う。

6　袖口を三つ折りにして縫う。

7　裾を三つ折りにして縫う（P.31参照）。

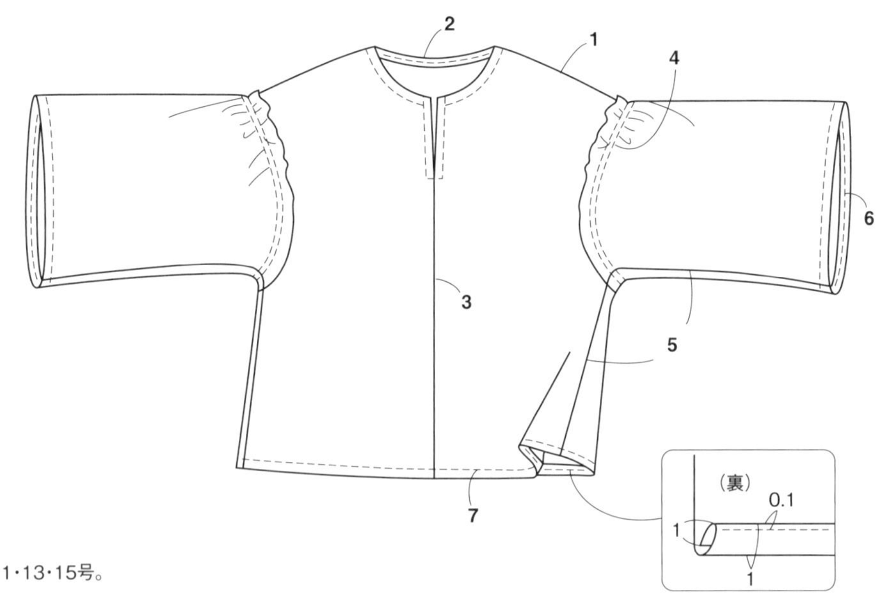

裁ち合わせ図

＊縫い代は指定以外1cm

＊5つ並んだ数字は上から7・9・11・13・15号。
1つの数字は5サイズ共通

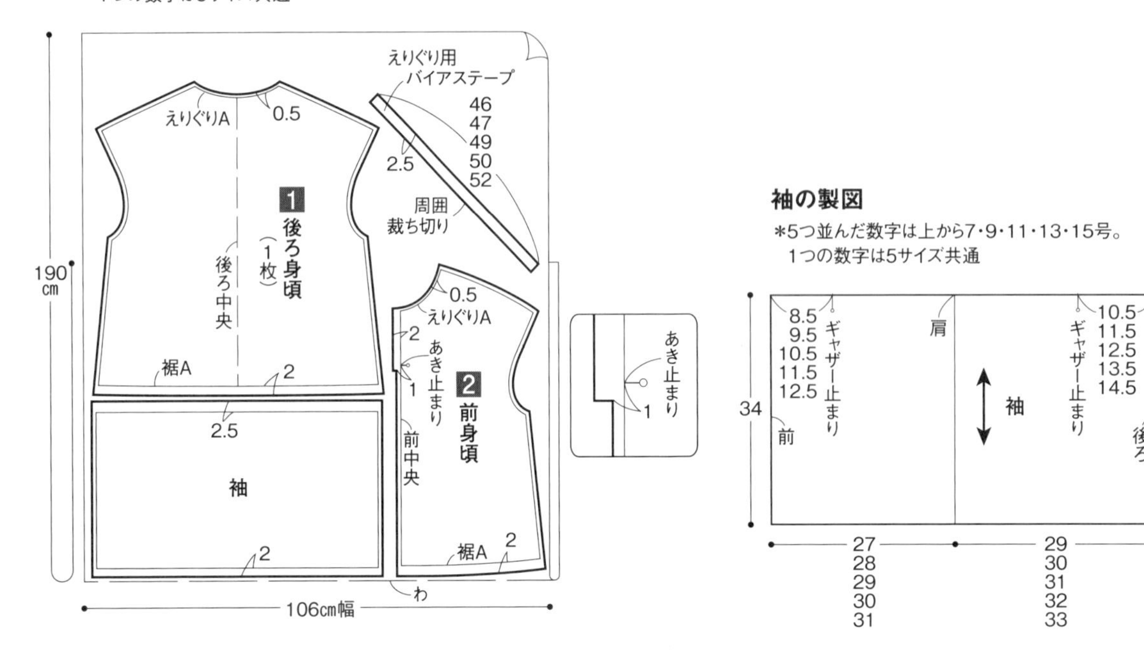

4

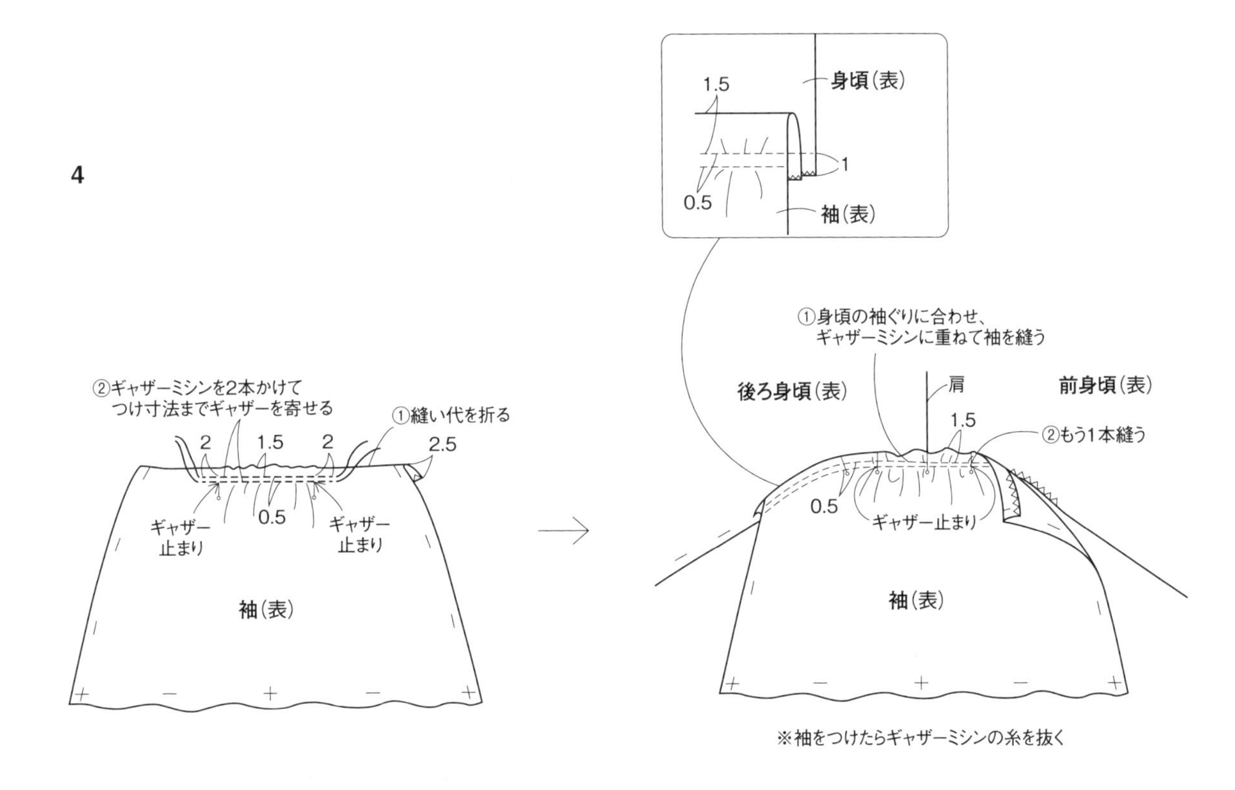

※袖をつけたらギャザーミシンの糸を抜く

5

6

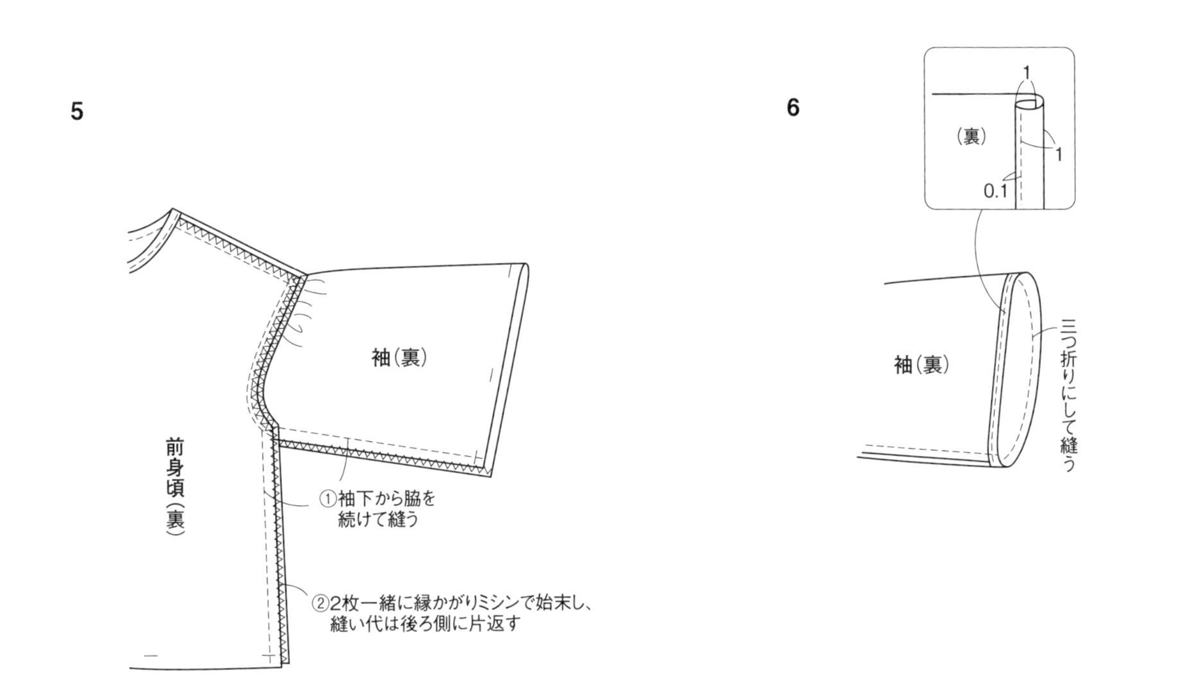

14 スタンドカラーのブラウス ｜ Photo…P. 16

□**材料**

表布…先染めギンガム（ブラック）110cm幅×240cm

接着芯…90cm幅×50cm（表えり、表カフス分）

くるみボタン…直径1.5cmを2個

□**着丈**　約70cm

□**作り方**

［縫う前の準備］

・前身頃は、ギャザー分4.5cmを型紙前中央線から平行に出す。

・表えり、表カフスの裏に接着芯を貼る。

・身頃の後ろ中央に縁かがりミシンをかける。

1　前えりぐりにギャザーを寄せる（P.48参照）。

2　身頃の後ろ中央を縫い、スラッシュあきを三つ折りにして縫う（P.63参照）。

3　身頃の肩を縫う（P.29参照）。

4　えりを作る。

5　身頃にえりをつける。

6　袖にギャザーを寄せ、身頃につける(P.49参照)。

7　袖下から脇を続けて縫う（P.45参照）。

8　カフスを作り、袖につける（P.71参照）。

9　裾を三つ折りにして縫う（P.31参照）。

10　身頃に糸ループを作り（P.40参照）、くるみボタンをつける。

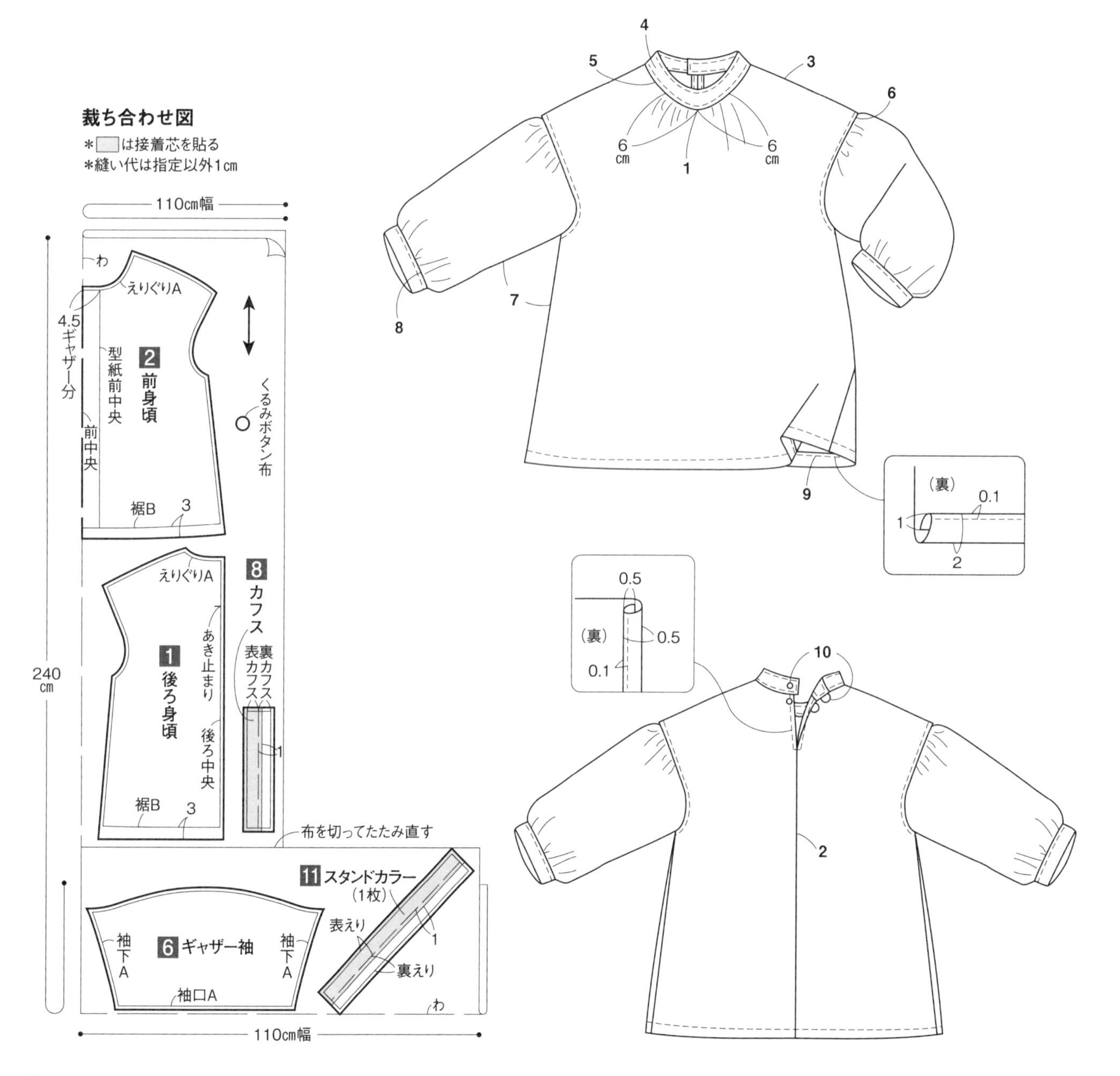

前身頃パターンの引き方

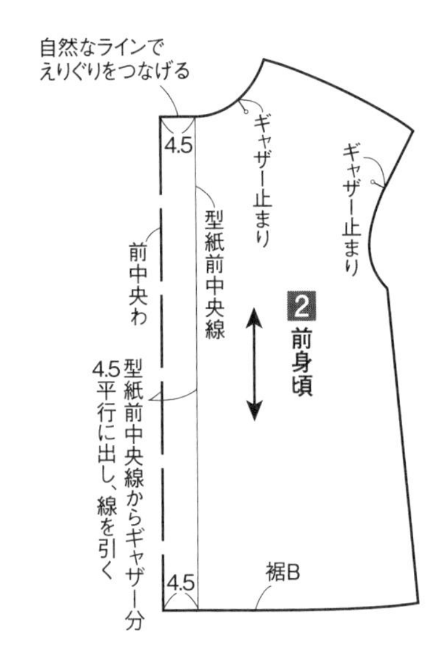

4

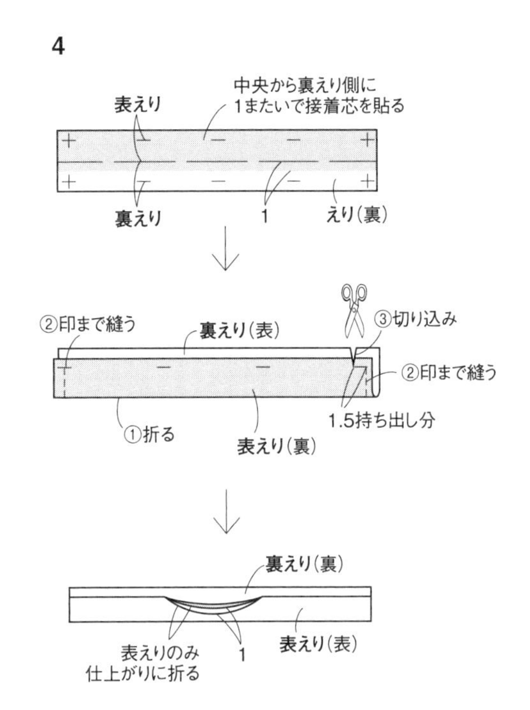

5

10

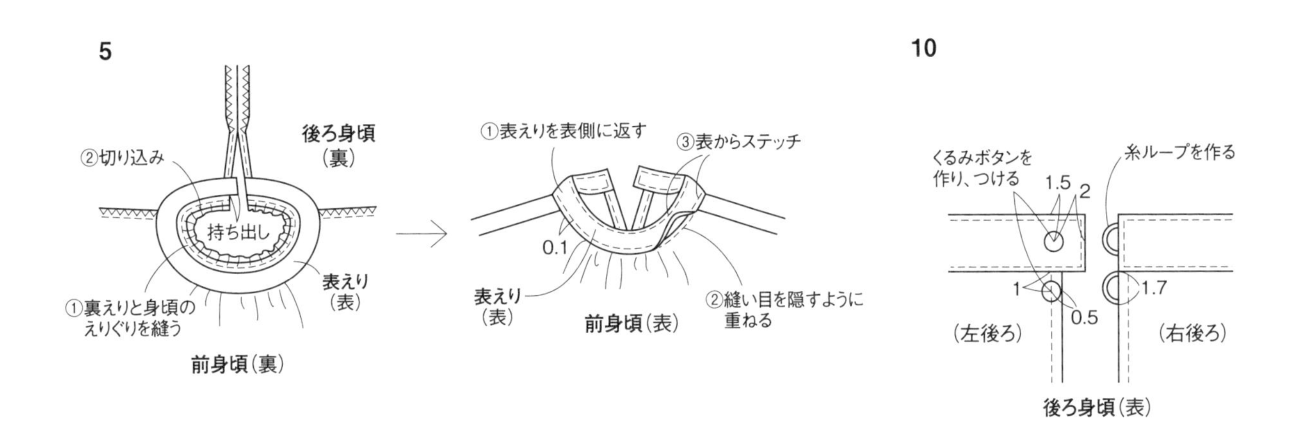

□材料
表布…きなりにネイビーストライプ110㎝幅×290㎝

□**着丈** 約70㎝

□**作り方**
[縫う前の準備]
・後ろ身頃はギャザー分8㎝を型紙後ろ中央線から平行に出す。
・身頃の前中央に縁かがりミシンをかける。

1 後ろ身頃にギャザーを寄せ、後ろヨークにつける（P.34参照）。
2 身頃の前中央を縫い、スラッシュあきにステッチをかける。
3 身頃の肩を縫う（P.29参照）。
4 えりを作り、身頃につける。
5 袖にギャザーを寄せて、身頃につける（P.49参照）。
6 袖下から脇を続けて縫う（P.45参照）。
7 袖口を三つ折りにして縫う（P.45参照）。
8 裾を三つ折りにして縫う（P.31参照）。

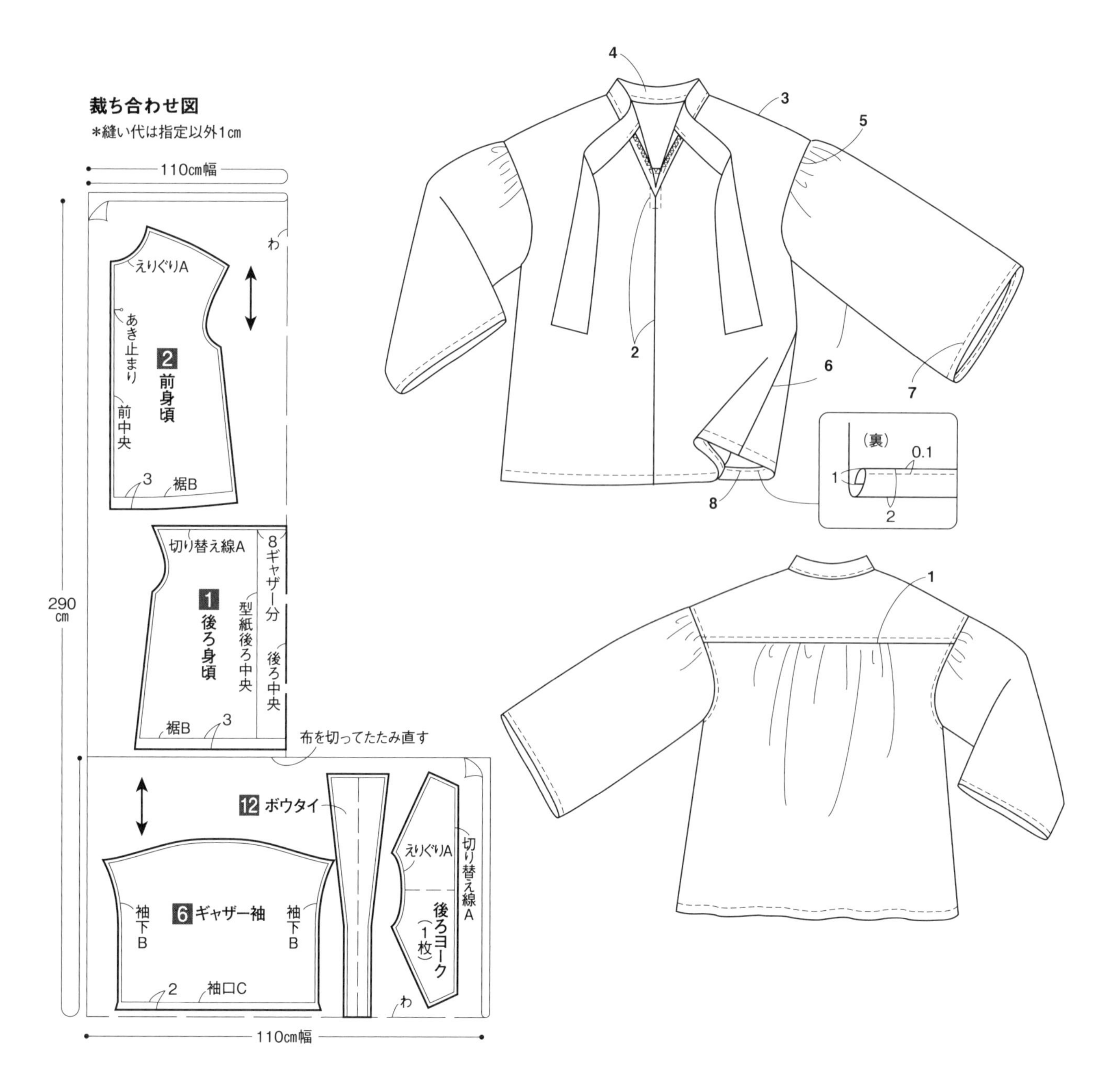

後ろ身頃パターンの引き方

ギャザー止まり

型紙後ろ中央線

後ろ中央わ

8

1 後ろ身頃

型紙後ろ中央線からギャザー分8平行に出し、線を引く

裾B

8

2

左前身頃（表）

あき止まり

前中央をあき止まりまで縫う

右前身頃（裏）

0.5

② 表からスラッシュあきに、ステッチ

あき止まり

① 縫い代を割る

前身頃（裏）

4

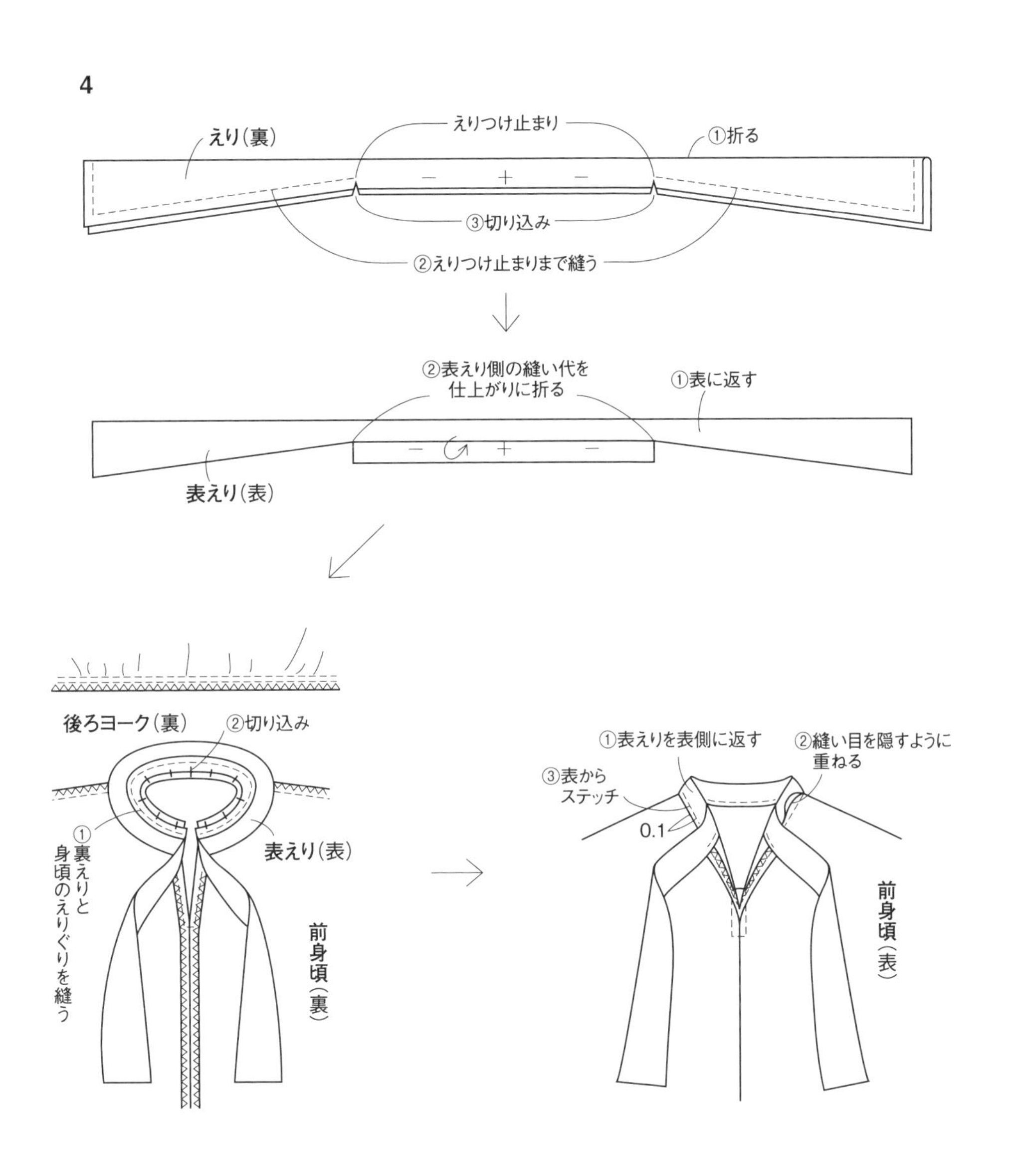

□材料

表布…ウールツイードチェック（C1）148㎝幅×270㎝
接着芯…90㎝幅×150㎝（前端、表台えり、表カフス分）
伸び止めテープ…15㎜幅×約40㎝（ポケット口分）
ボタン…直径1.8㎝を7個

□**着丈** 約104㎝

□**作り方**

［縫う前の準備］

・前、後ろ身頃は型紙裾C線を15㎝延長する。
・前身頃の型紙にボタンつけ位置をつける。
・前身頃の前端の縫い代、表台えり、表カフスの裏に接着芯、前身頃の裏のポケット口に伸び止めテープを貼る。
・身頃の肩、脇に縁かがりミシンをかける。

1 前端を縫う。
2 身頃の肩を縫う（P.34参照）。
3 えりを作り、身頃につける（P.35参照）。
4 袖にギャザーを寄せ、身頃につける（P.49参照）。
5 ポケット口を残し、袖下から脇を続けて縫う（P.30参照）。
6 身頃にポケットをつける（P.43参照）。
7 カフスを作り、袖口につける。
8 裾を三つ折りにして縫う（P.73参照）。
9 ボタン穴を作り、ボタンをつける（P.37参照）。

裁ち合わせ図

＊□は接着芯、□は伸び止めテープを貼る
＊縫い代は指定以外1㎝
＊縫い代は指定以外1㎝

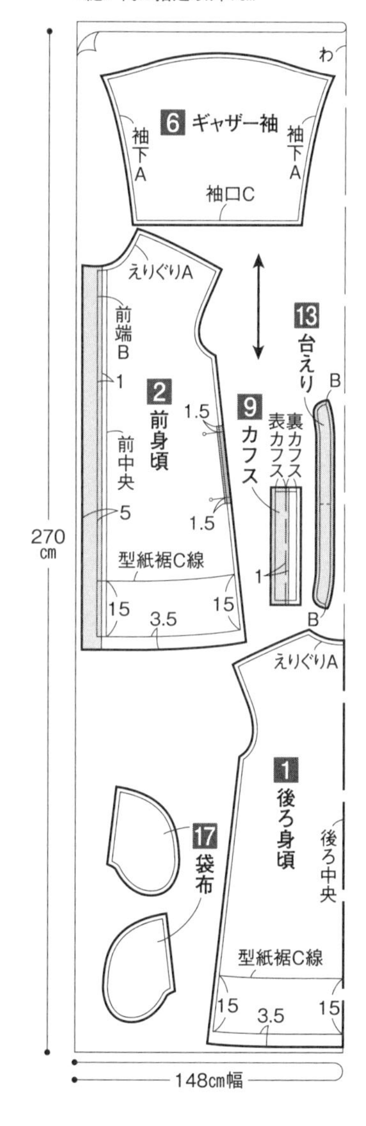

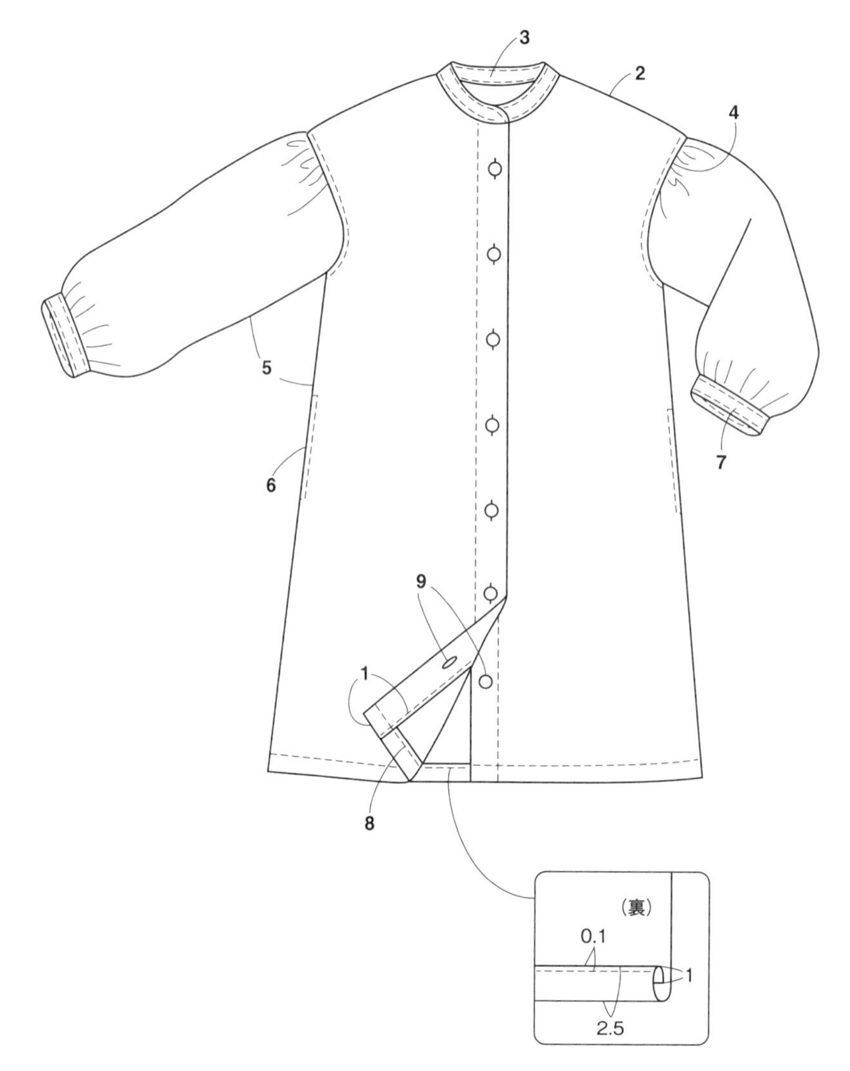

1

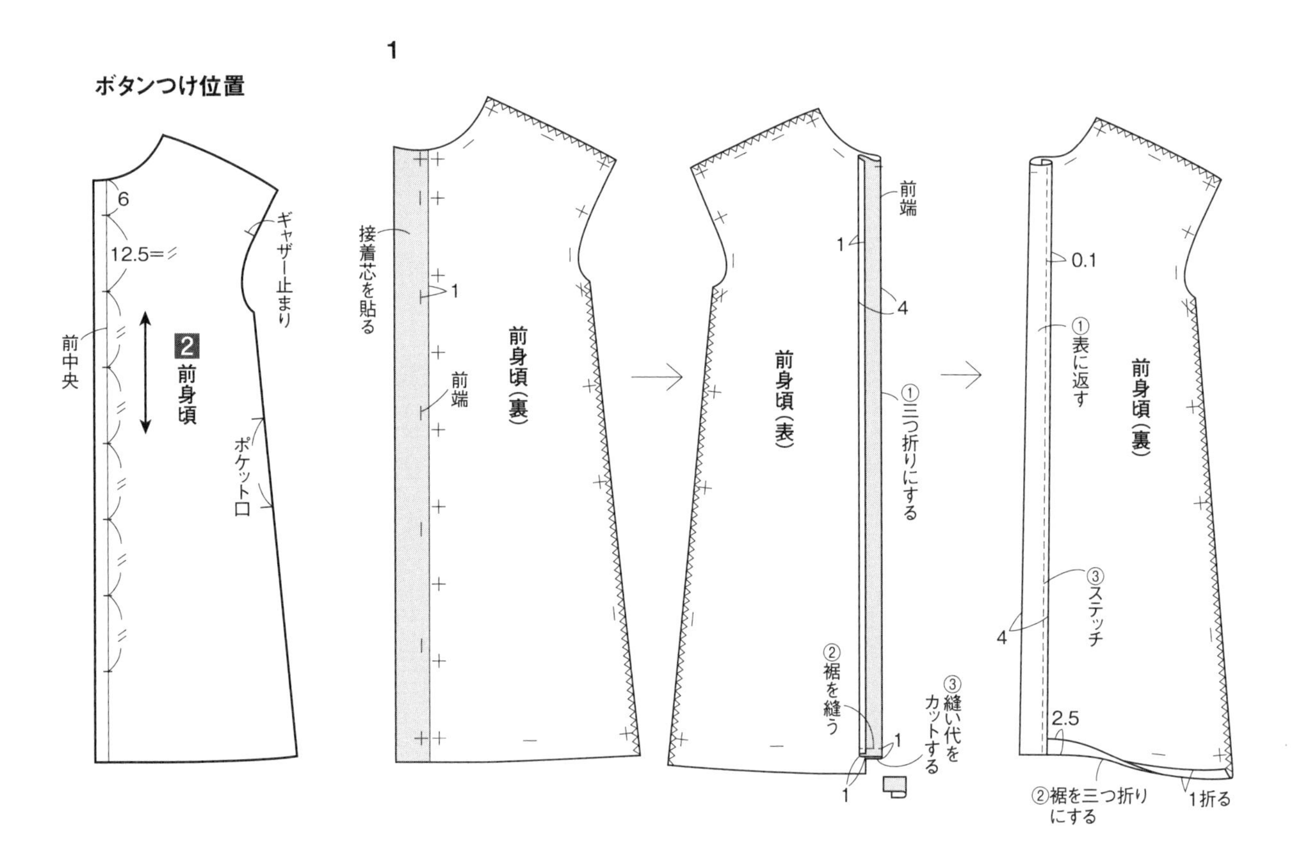
ボタンつけ位置
6
12.5=
ギャザー止まり
前中央
2
前身頃
ポケット口
接着芯を貼る
1
前端
前身頃(裏)
前端
1
4
前身頃(表)
①三つ折りにする
②裾を縫う
③縫い代をカットする
1
1
0.1
①表に返す
前身頃(裏)
③ステッチ
4
2.5
②裾を三つ折りにする
1折る

7

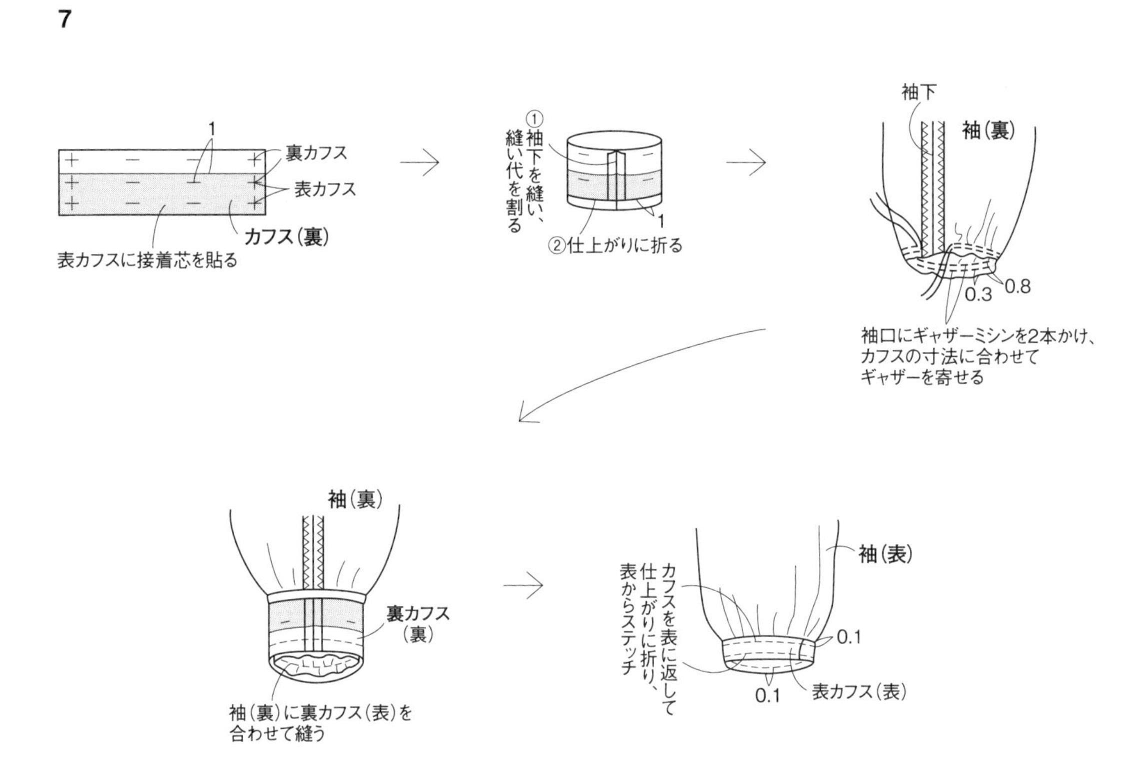
1
裏カフス
表カフス
カフス(裏)
表カフスに接着芯を貼る
①袖下を縫い、縫い代を割る
1
②仕上がりに折る
袖下
袖(裏)
0.3
0.8
袖口にギャザーミシンを2本かけ、カフスの寸法に合わせてギャザーを寄せる
袖(裏)
裏カフス(裏)
袖(裏)に裏カフス(表)を合わせて縫う
カフスを表に返して仕上がりに折り、表からステッチ
袖(表)
0.1
0.1
表カフス(表)

17 バイカラーのオーバーシャツ ｜ Photo…P. 19

□**材料**

A布…リナスリトアニアリネンデニム（3オフ）145cm幅×60cm
B布…リナスリトアニアリネンデニム（6ベージュ）145cm幅×160cm
接着芯…90cm幅×60cm（表台えり分）
ボタン…直径1.5cmを7個

□**着丈**　約89cm

□**作り方**

［縫う前の準備］

・後ろ身頃はタック分5cmを型紙後ろ中央線から平行に出す。
・前身頃と前ヨークの型紙にボタンつけ位置をつける。
・表台えりの裏に接着芯を貼る。

1 前身頃に前ヨークをつける。
2 後ろ身頃のタックをたたみ、後ろヨークをつける。
3 前端を縫う。
4 身頃の肩を縫う（P.34参照）。
5 えりを作り、つける（P.35参照）。
6 身頃の袖ぐりを裏バイアス始末にする（P.30参照）。
7 脇を縫う（P.30参照）。
8 裾を三つ折りにして縫う。
9 ボタン穴を作り、ボタンをつける（P.37参照）。

裁ち合わせ図

＊□は接着芯を貼る
＊縫い代は指定以外1cm
＊5つ並んだ数字は上から7・9・11・13・15号。1つの数字は5サイズ共通

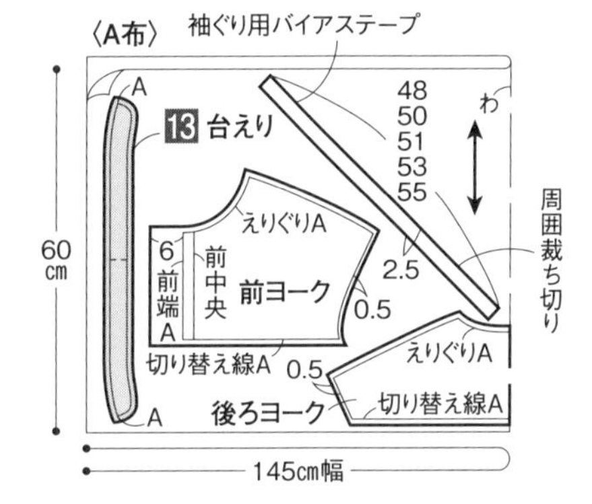

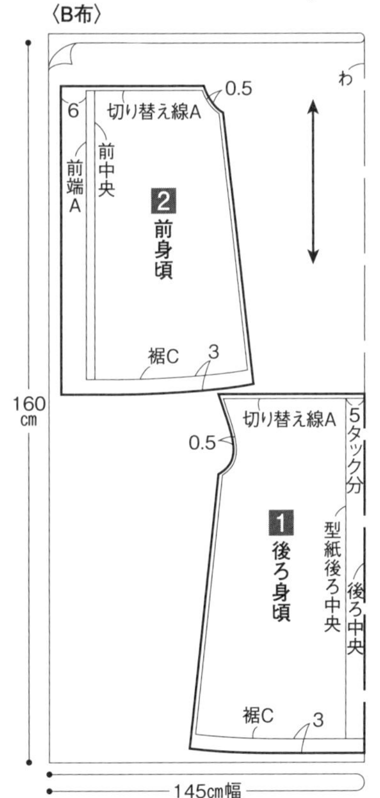

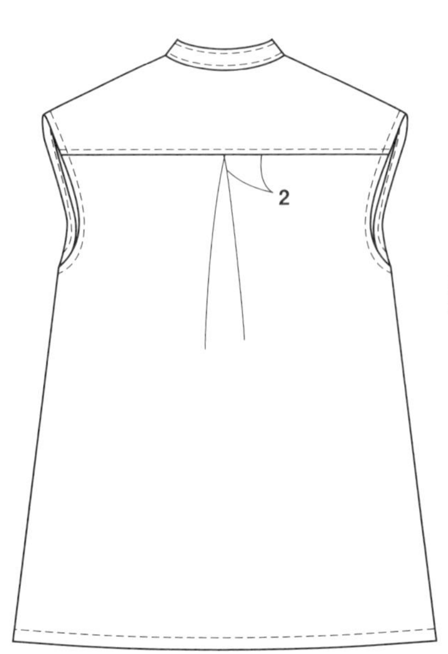

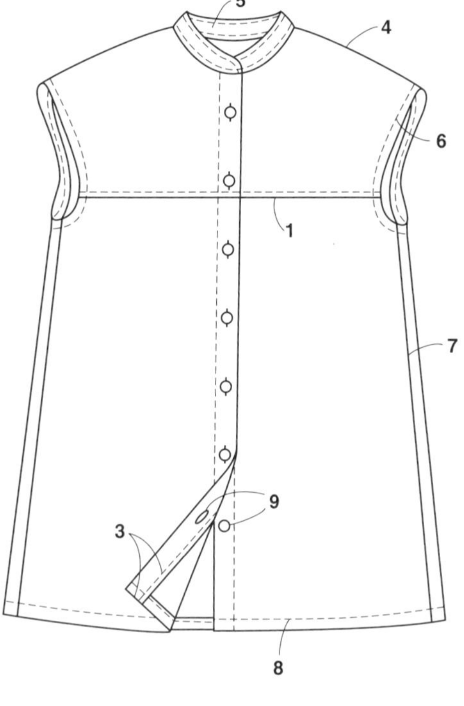

ボタンつけ位置

前端
6
前ヨーク
10＝〃
切り替え
1.5
2 前身頃
前中央

後ろ身頃パターンの引き方

5
型紙後ろ中央線からタック分5平行に出し、線を引く
型紙後ろ中央線
1 後ろ身頃
後ろ中央わ

2

タックをたたみ、縫う
0.5
後ろ身頃（表）

①後ろ身頃と後ろヨークを中表に合わせて縫う
②2枚一緒に縁かがりミシン
後ろヨーク（裏）
後ろ身頃（表）

後ろヨーク（表）
0.1
②表からステッチ
①縫い代をヨーク側に片返す
後ろ身頃（表）

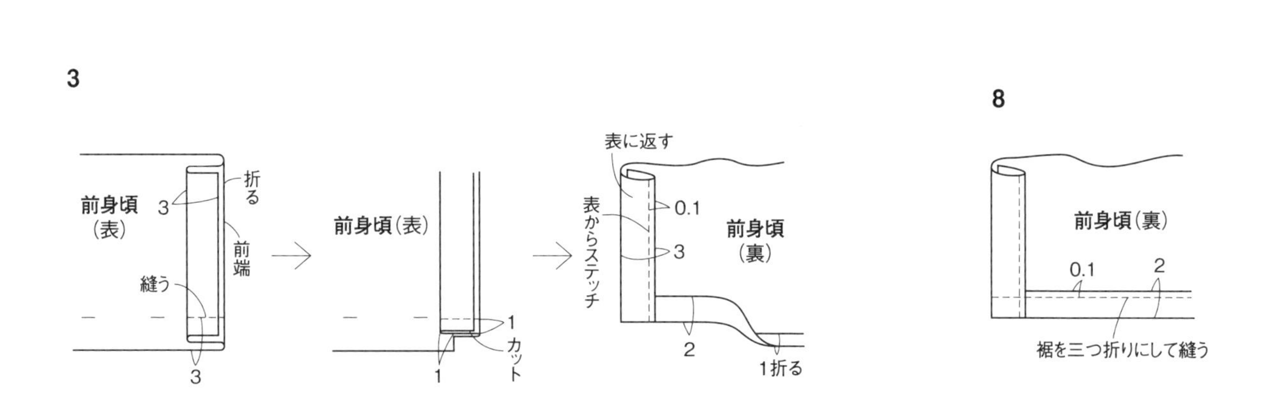

20 プリーツ入りワンピース ｜ Photo…P. 22

□**材料**

表布…リバティプリントタナローンXanthe Sunbeam（ZE色）110cm幅×340cm

□**着丈**　約114cm

□**作り方**

［縫う前の準備］

・前、後ろ身頃は裾線を25cm延長し、身頃切り開き線でプリーツ分12cmを平行に出して足す。

1 前、後ろ身頃のプリーツをそれぞれたたみ、中縫いをする。
2 身頃の後ろ中央を縫い、スリットを三つ折りにして縫う（P.63参照）
3 身頃の肩を縫う（P.29参照）。
4 えりを作り、身頃につける（P.69参照）
5 袖ぐりを裏バイアス始末にする（P.30参照）。
6 脇を縫う（P.30参照）。
7 裾を三つ折りにして縫う（P.31参照）。

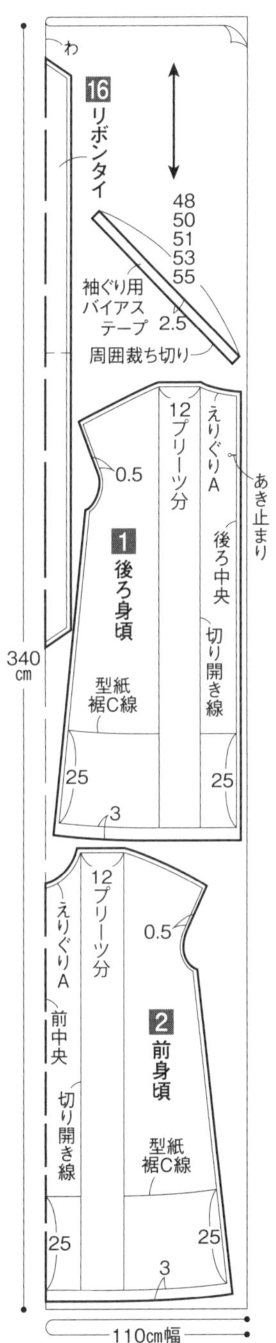

裁ち合わせ図

＊縫い代は指定以外1cm
＊5つ並んだ数字は上から7・9・11・13・15号。
　1つの数字は5サイズ共通

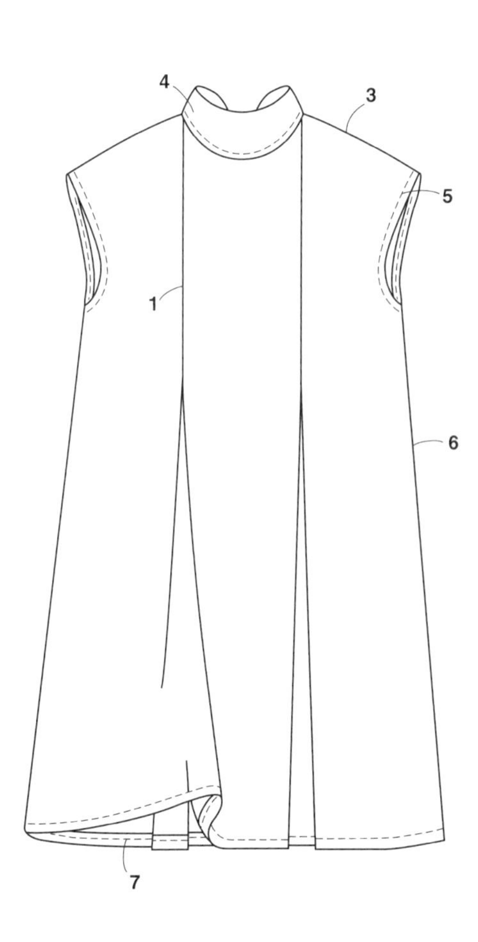

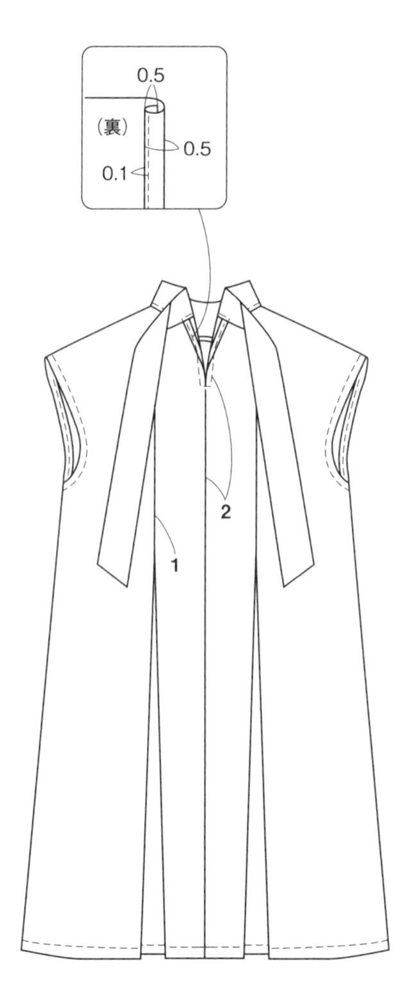

身頃の切り開き方

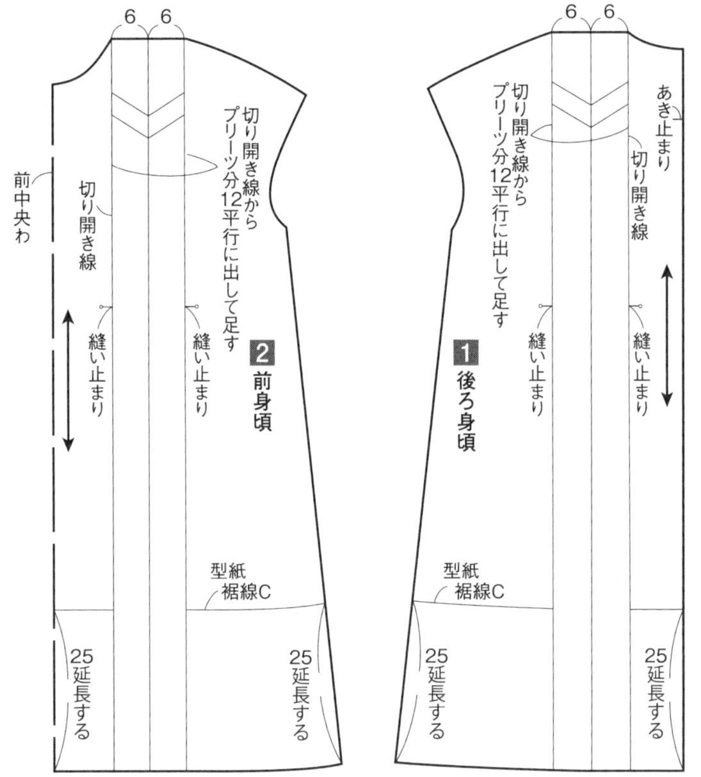

6 6
切り開き線から
プリーツ分12平行に出して足す
前中央わ
切り開き線
縫い止まり
縫い止まり
2 前身頃
型紙
裾線C
25延長する
25延長する

6 6
切り開き線から
プリーツ分12平行に出して足す
あき止まり
切り開き線
縫い止まり
縫い止まり
1 後ろ身頃
型紙
裾線C
25延長する
25延長する

1

※前身頃も同様にプリーツを縫う

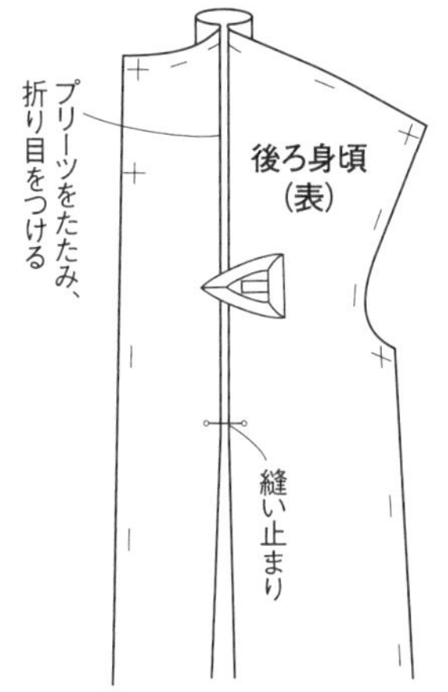

プリーツをたたみ、折り目をつける
後ろ身頃（表）
縫い止まり

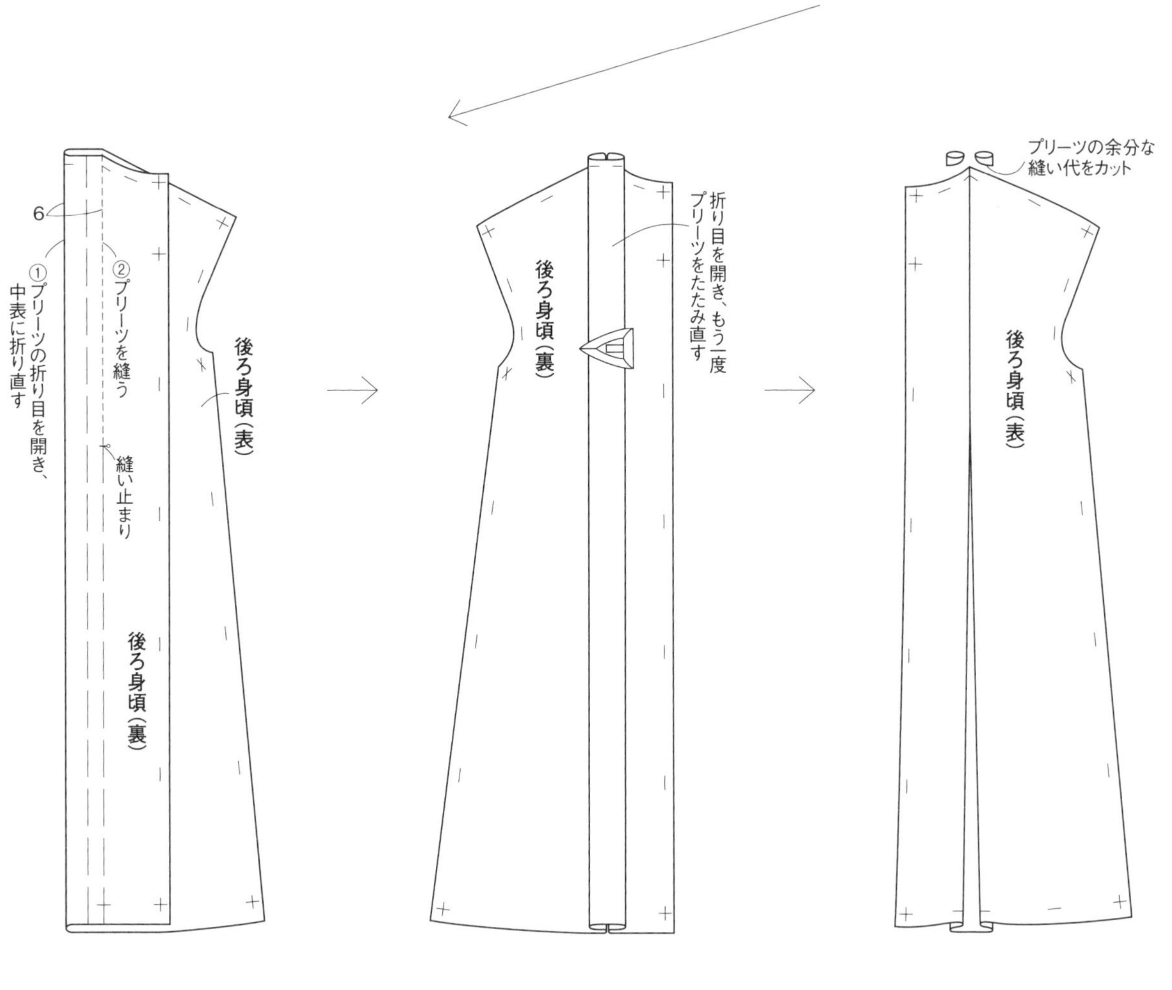

6
①プリーツの折り目を開き、中表に折り直す
②プリーツを縫う
縫い止まり
後ろ身頃（表）
後ろ身頃（裏）

折り目を開き、もう一度プリーツをたたみ直す
後ろ身頃（裏）

プリーツの余分な縫い代をカット
後ろ身頃（表）

21 コーデュロイのロングシャツ ｜ Photo…P. 24

□**材料**

表布…フレンチコーデュロイ（ブルーグレー）105cm幅×390cm
接着芯…90cm幅×60cm（表上えり、表台えり、表カフス分）
伸び止め**テープ**…1.5cm幅×約40cm（ポケット口分）
ボタン…直径1.3cmを10個

□**着丈**　約124cm

□**作り方**

［縫う前の準備］
・後ろ身頃はギャザー分8cmを型紙後ろ中央から平行に出し、裾は型紙裾C線から35cm平行に延長する。
・前身頃の型紙にボタンつけ位置をつける。
・表上えり、表台えり、表カフスの裏に接着芯、ポケット口に伸び止めテープを貼る。

1 前端を縫う（P.73参照）。
2 後ろ身頃にギャザーを寄せて、後ろヨークにつける（P.34参照）。
3 身頃の肩を縫う（P.34参照）。
4 えりを作り、身頃につける（P.35参照）。
5 袖のタックをたたみ、身頃につける（P.36参照）。
6 ポケット口を残し、袖下から脇を続けて縫う（P.30参照）。
7 身頃にポケットをつける（P.30参照）。
8 裾を三つ折りにして縫う。
9 ボタン穴を作り、ボタンをつける（P.37参照）。

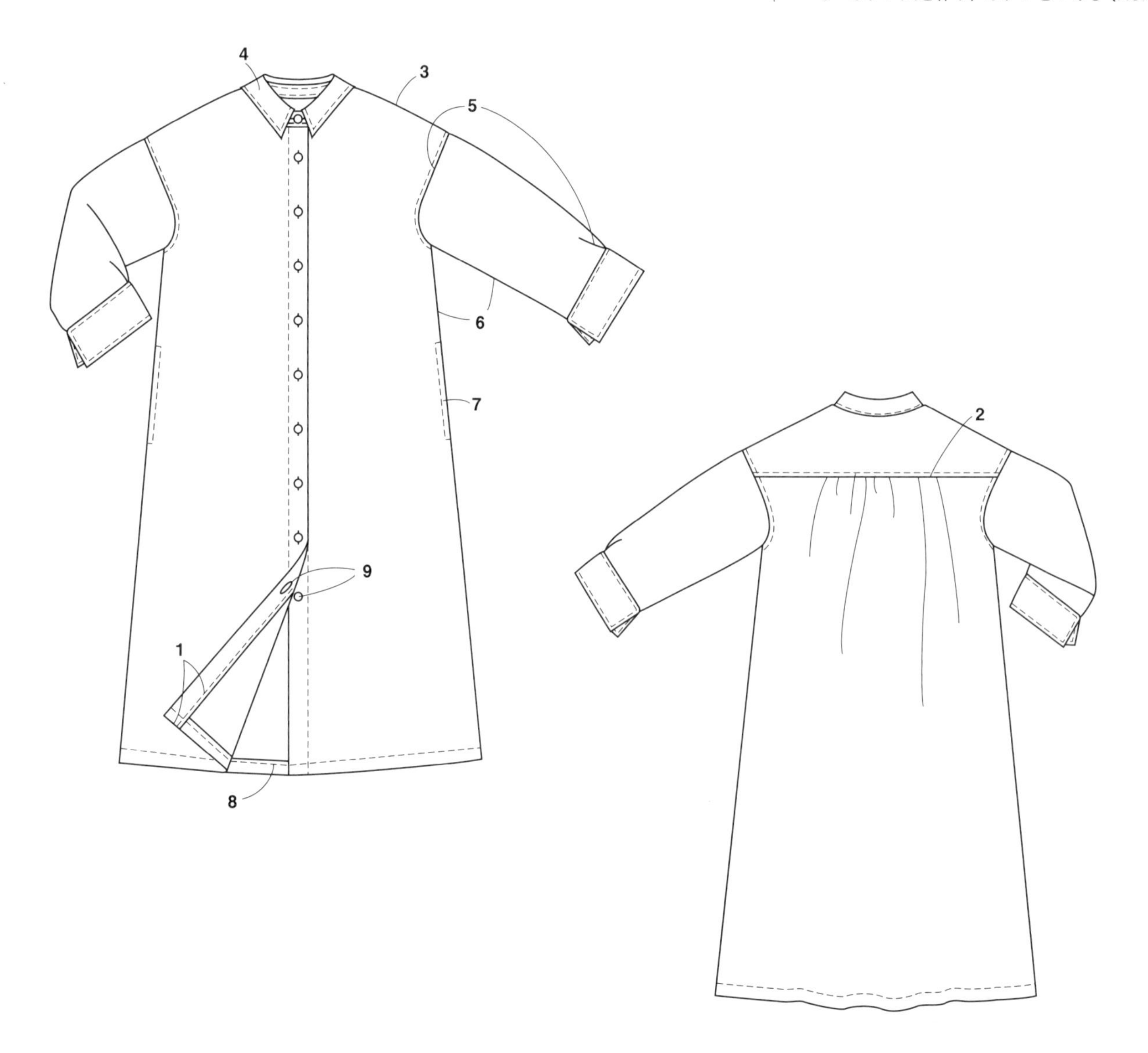

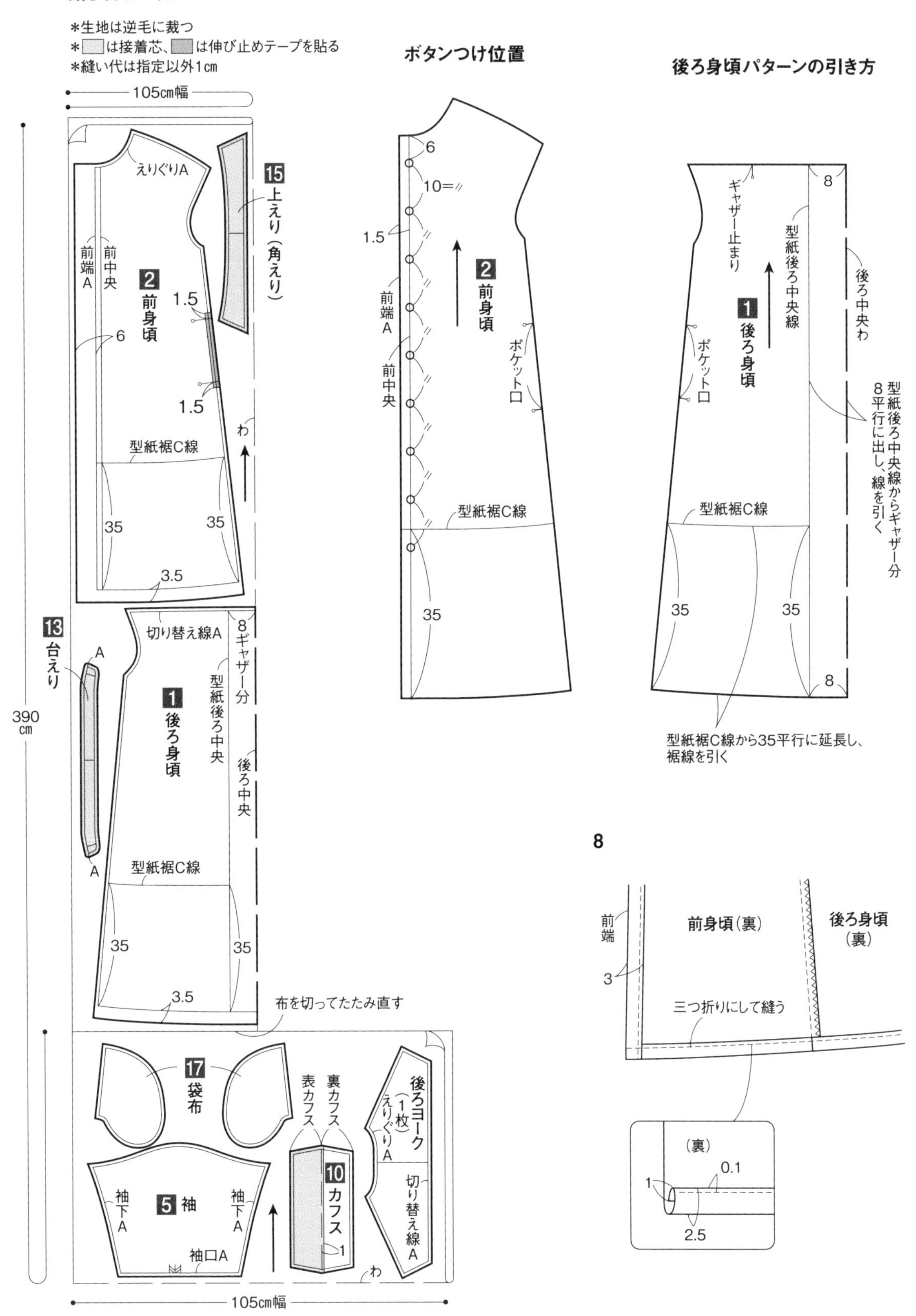
裁ち合わせ図
*生地は逆毛に裁つ
*は接着芯、は伸び止めテープを貼る
*縫い代は指定以外1cm
105cm幅
390cm
えりぐりA
前端A
前中央
2 前身頃
1.5
6
1.5
型紙裾C線
わ
35
35
3.5
15 上えり（角えり）
13 台えり
A
A
切り替え線A
8 ギャザー分
型紙後ろ中央
1 後ろ身頃
後ろ中央
型紙裾C線
35
35
3.5
布を切ってたたみ直す
17 袋布
表カフス
裏カフス
後ろヨーク（1枚）
えりぐりA
5 袖
袖下A
袖下A
袖口A
10 カフス
1
切り替え線A
わ
ボタンつけ位置
6
10=
1.5
前端A
前中央
2 前身頃
ポケット口
型紙裾C線
35
後ろ身頃パターンの引き方
8
ギャザー止まり
型紙後ろ中央線
1 後ろ身頃
後ろ中央わ
ポケット口
型紙後ろ中央線から8平行に出し、線を引く
ギャザー分
型紙裾C線
35
35
8
型紙裾C線から35平行に延長し、裾線を引く
8
前端
3
前身頃（裏）
後ろ身頃（裏）
三つ折りにして縫う
（裏）
0.1
1
2.5

□材料

表布…綿麻フレンチライン（白地にブルー）110cm幅×240cm
接着芯…90cm幅×60cm（表上えり、表台えり、表カフス分）
ボタン…直径1.3cmを6個

□**着丈**　約63cm

□**作り方**

［縫う前の準備］
・前身頃の型紙にボタンつけ位置をつける。
・表上えり、表台えり、表カフスの裏に接着芯を貼る。

1 前端を縫う（P.73参照）。
2 身頃の肩を縫う（P.34参照）。
3 えりを作り、身頃につける（つけ方はP.35参照）。
4 袖にギャザーを寄せ、身頃につける（P.49参照）。
5 袖下から脇を続けて縫う（P.45参照）。
6 カフスを作り、袖口につける（P.71参照）。
7 裾を三つ折りにして縫う（P.73参照）。
8 ボタン穴を作り、ボタンをつける（P.37参照）。

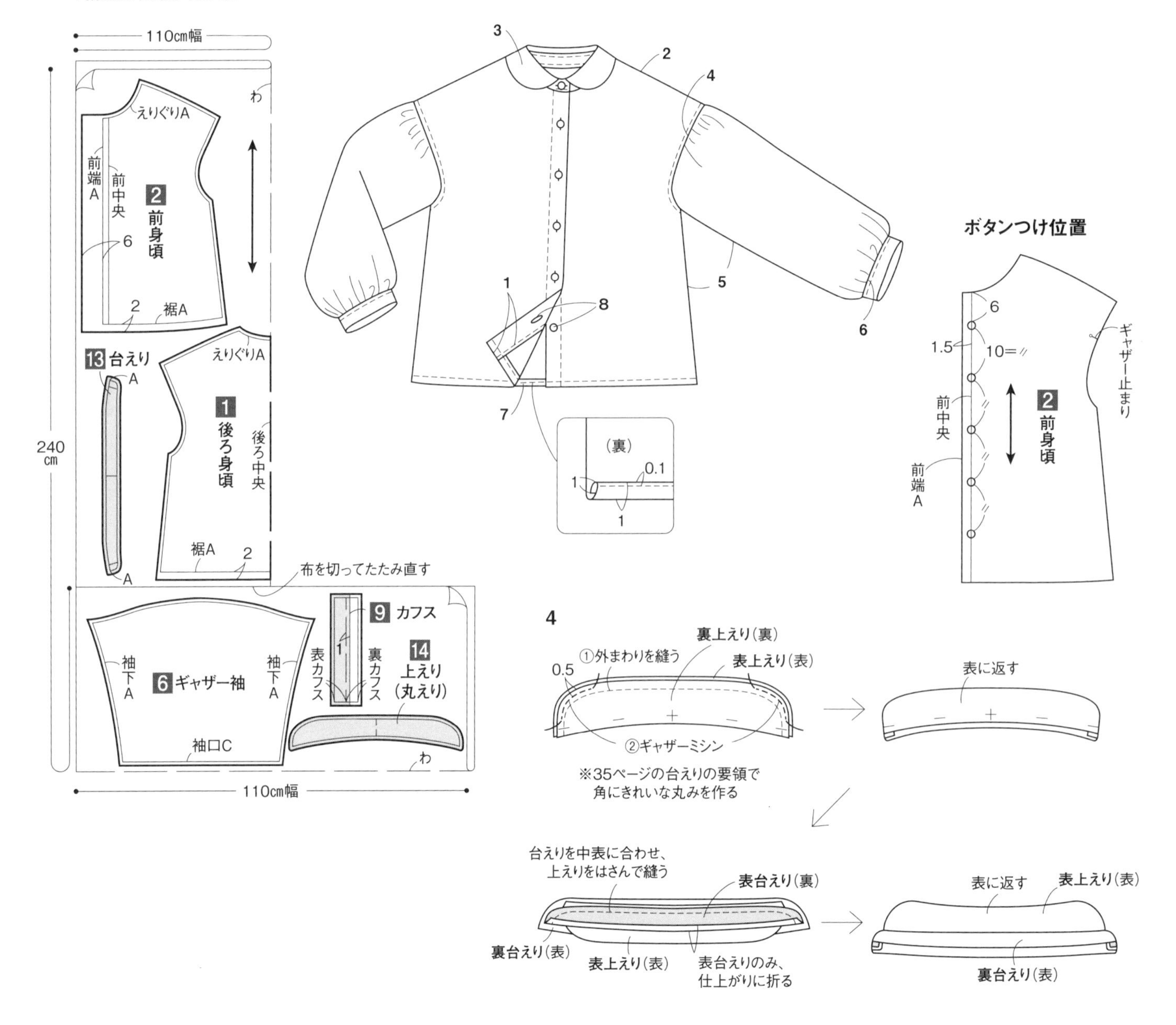

洋裁用語解説

合い印
縫い合わせる際にずれないようにつける印。実物大型紙に必ずついているため忘れずに写し取る。

裏バイアス始末
バイアステープを裏側に当て、布端の始末をする方法。

完全三つ折り
仕上がりの三つ折り幅と折り込む幅が同じ寸法の三つ折りのこと。

ギャザー
縫い縮めること。ふわりとしたシルエットに仕上がる。

ギャザーミシン
ギャザーを寄せる際に、ミシンの針目を通常より粗く（0.4㎝）してかけるステッチのこと。（糸端を引いてギャザーを寄せるため、返し縫いはしない）。

切り替え
布を一度切り離し、改めて縫い合わせること。この本ではデザインとしてギャザーやタックを寄せたりした身頃と縫い合わせるために用いている。縫い合わせたところは切り替え線という。

逆毛に裁つ
コーデュロイなど、上から下へと毛足の流れがあるタイプの生地に対して、流れを下から上へと逆に裁つこと。逆にすることで、深みのある色合いになる。

裁ち切り
縫い代をつけずに裁断すること。また、縫い代が不要な裁断を指すこともある。

タック
生地を折りたたみ、ひだを取ること。服に余裕を持たせたり、立体的な飾りとして用いるテクニック。

縫い代を割る
縫い合わせたところの縫い代にアイロンを当て、左右に開くこと。

縫い代を片返す
縫い代を割らずに、指定の方向に倒すこと。

ノッチ
裁断の際、型紙に写し取った合い印のところに入れる3〜4㎜の切り込み（もしくは三角にカット）のこと。

バイアス
布目に対して斜めに裁つこと。とくに45度の角度に裁つ場合を正バイアスといい、バイアステープ用の布はこの角度で裁つ。

縁かがりミシン
布端の始末の際に行い、ロックミシンまたはジグザグ・ミシンステッチをかける。

見返し
えりぐりなどの縫い代を始末するために裏側につけるパーツのこと。

Yoshiko Tsukiori
月居良子

デザイナー。女子美術短期大学卒業後、アパレル会社勤務などを経て独立。
婦人服はもちろん、赤ちゃん服からウエディングドレスまで得意分野は幅広い。シンプルなのに着ると立体的になる美しいシルエットに定評があり、日本だけでなくフランスや北欧など、海外でも人気を博している。
著書に『作りながらマスターする、ソーイングの基礎。』(文化出版局)、『月居良子の着心地らくちん おしゃれ服』(NHK出版)、『月居良子のまっすぐでつくれる服』(学研プラス)ほか多数。

Staff

ブックデザイン　平木千草
撮　影　公文美和　岡 利恵子(本社写真編集室)
スタイリング　串尾広枝
ヘアメイク　高野智子
モデル　KAI
作り方解説　小堺久美子
型紙配置　鈴木愛子　仲條詩歩子
トレース　安藤デザイン　共同工芸社
校　閲　滄流社
編　集　山地 翠

◎生地提供

オカダヤ
オカダヤ新宿本店　東京都新宿区新宿 3-23-17
☎ 03-3352-5411
http://www.okadaya.co.jp/shinjuku

CHECK&STRIPE
http://checkandstripe.com

ユザワヤ
ユザワヤ蒲田店　東京都大田区西蒲田 8-23-5
☎ 03-3734-4141
http://www.yuzawaya.co.jp

＊作品に使用の生地は 2018年 4月現在のため、販売終了となる場合があります。

◎撮影協力

オムニゴッド　☎ 03-5457-3625
P.7下・11下・19 デニムパンツ、P.18 ニット、P.25 ベルト
カンペール　☎ 03-5412-1844
P.21 靴
サラウェア　☎ 03-5731-2741
P.16 サスペンダースカート
ハンズ オブ クリエイション/エイチ・プロダクト・デイリーウエア　☎ 03-6427-8867
P.19 カッソー、P.24・25 シャツ
フラミンゴ原宿店　☎ 03-5785-3357
P.18 スニーカー、P.12・13・18 パンツ、P.14 デニムパンツ
プレインピープル青山　☎ 03-6419-0978
P.4 パンツ、P.10 ニット・スカート、P.11上・P.17・P.21・P.24 パンツ、P.20 スカート
ブリット東京店　☎ 03-5768-5751
P.12・13 シャツ、P.21 ニット
プリュス バイ ショセ TEL03-3716-2983
P.6 靴 (chausser)、P.12・13 靴 (TRAVEL SHOES)

月居良子のアレンジウエア

著　者　月居良子
編集人　石田由美
発行人　永田智之
発行所　株式会社 主婦と生活社
〒104-8357 東京都中央区京橋 3-5-7
編集代表　☎ 03-3563-5361　FAX. 03-3563-0528
販売代表　☎ 03-3563-5121
広告代表　☎ 03-3563-5131
生産代表　☎ 03-3563-5125
http://www.shufu.co.jp/
製版所　東京カラーフォト・プロセス株式会社
印刷所　凸版印刷株式会社
製本所　共同製本株式会社

ISBN 978-4-391-15143-5